Stefan Rammer

Inn-Donau-Ecke

ISBN 978-3-99025-177-5

www.freya.at

Bildmaterial: Dr. Stefan Rammer
Foto S. 48: Thomas Jäger, S. 96: Stadtarchiv Passau
Coverbild: oly5, pun photo – © Fotolia.de

printed in EU

Literarische Reihe **Edition Neunzig**
in Zusammenarbeit mit dem Oberösterreichischen P.E.N.-Club

Stefan Rammer

INN-DONAU-ECKE

Ein guter Humus für Kultur
Anlasstexte

freya

INHALT

EIN EWIG JUNGER WILDER

Der Kremser Künstler Franz Vinzenz Dressler

Die Schule des Sehens, da ist sie wieder. Franz Dressler ist der Meister. Er steht an seinem Tisch, umgeben von Farben und Spachteln. Schwungvoll setzt er an, setzt Farbakkord um Farbakkord auf die weiß grundierte Holzfaserplatte oder das Papier.

„Schnell muss man arbeiten. Es muss rinnen, fließen. Schau, die Bremsspuren dort, wo die Farbe abreißt, das ist das Lebendige, das ist unsere Zeit."

Und obwohl er die Hektik meint, symbolisiert er die Ruhe, die Gelassenheit und Reife des bildnerischen Menschen.

Er hat sich, wenn er so dasteht, sich in Ekstase redet und malt, nicht verändert seit meinem letzten Besuch. Damals kam ich aus Anlass des 75., heute ist es der 80. Geburtstag am 9. Juni. Eine schwere Erkrankung hat er hinter sich, schlanker ist er geworden, aber die Augen sprühen, sie haben das Feuer der nie versiegenden Kreativität. Er zeigt auf Bilder, die er vor seinem Krankenhausaufenthalt gemacht hat, nennt sie dunkel, voller düsterer Emotionen. Doch das trügt. Die großformatigen Acrylarbeiten drücken genau das aus, was Franz Dressler immer in seinen Bildern angelegt hat, eine innere Spannung, die sich kraftvoll Bahn bricht.

„Die Spannung muss da sein, es muss aus einem hinaus wollen."

Er spricht von einem Schauer, der ihm den Rücken runterrieselt beim Malen. Das ist Tucholskys Gänsehautkriterium und zu spüren bei jenen eher dunkel gehaltenen Bildern, die förmlich knistern. Die Düsternis strebt aber auch hier einem Licht zu, einem Leuchten, das sich bei allen Dressler-Bildern findet, und das sie alle zu energiegeladenen, positiv stimmenden Botschaften aus Landschaften des Inneren macht.

Der Mann mit den buschigen Augenbrauen, der festen Stimme im herrlichen Dialekt des Kremser Donautals, ist nach wie vor der fantasiebegabte Mensch, der in jedem auf dem Boden liegenden Stein ein Muster erkennt, ein Gesicht, das es ihn zu malen drängt.

Er ist ein Schauender, wie er es immer war. Schon seit 1966, dem Jahr seines Beitritts zur Donau-Wald-Gruppe, ist Dressler unverbrüchlich modern.

Er lotet immer noch einen ureigenständigen Bereich der Malerei aus, der ihn schon innerhalb der Gruppe so unverwechselbar machte. Er hat für eine ganze Generation Schneisen geschlagen ins schwierige Terrain der zeitgenössischen Kunst.

Dressler ist ein Visionär, der immer wieder aufbricht zu einer Expedition in ein malerisches Reich voller Gelb, Rot, Grün, Blau oder Schwarz.

„Es kommt von selber“, sagt er, „was gut wird, kommt von selber, was man machen muss, wird ein Krampf. Die Farben ringen miteinander, bis sie homogen werden, bis ein Klang entsteht.“

Und wenn es ihm erscheint, dass die Farben nicht zusammenpassen, dass sie schreien, so ist es genau der Gegensatz, der ungewollt gewollt die Emotionen weckt. Auch aus Widerständen heraus lässt sich Maß nehmen zu sich zu Aussagen verdichtenden Formen. Der Klang aus der Seele des Künstlers erreicht den Betrachter.

Viel Lebensweisheit, aber auch ein unverbildeter, gesunder Menschenverstand spricht aus Dressler. Vor den bestallten Kunstinterpreten warnt er, die schwachen Kollegen nennt er Brunnenvergifter, wenn sie es versäumen, schwache Arbeiten zu vernichten. „Der Blöde belehrt dich solange, bis du auch blöd bist. Ein Maler kann kein Beamter sein. Die Kunst braucht den ganzen Menschen."

Er erzählt eine seiner vielen Anekdoten, ist er doch voller Geschichten und Bilder. In der Schule hat er als Zwölfjähriger ein Motorrad gezeichnet. Die Lehrer haben nicht geglaubt, dass es von ihm ist. Eine Ohrfeige war der Lohn. Dann, nach dem Krieg, als er schon erste Ausstellungen hatte, kam ein Zeichenlehrer zu ihm, meinte: „Dressler, gut bist geworden, aber verflucht modern."

Nun, kein Lehrer ohne Aber, aber ein Dressler ohne Konzessionen, ohne Zugeständnisse an das Schlechte, das die Fantasie Verbildende. Und er war nicht verflucht modern, sondern gesegnet innovativ.

Dem am 9. Juni 1918 in Krems geborenen Dressler wurde das zeichnerische Talent in die Wiege gelegt, freilich nicht die Möglichkeiten, sich früh bilden zu können, dem Drang seiner überreichen Fantasie Raum geben zu können. Die Zeiten waren schwer, die Eltern arm. Keine Heizung, kein Strom, in einem kleinen Kellerhaus wuchs er auf.

Zunächst absolvierte er eine Mechanikerlehre. Ihm aber war immer klar, dass er raus musste aus diesem Milieu, weg von den derben und plumpen Witzen, hinein in eine Welt der Zeichen und Worte. Doch spät erst sollte das Glück im Unglück es fügen, dass er seinen Traum vom freien Künstlertum verwirklichen konnte. 1939 kam er als Soldat an die Front. 1941 wurde er in Russland schwer verwundet.

„Ich habe schon in den Himmel geschaut", erinnert er sich. Zwei Russinnen banden ihm mit ihren Kopftüchern den zerschossenen Kopf zusammen, halfen ihm ins Lazarett. Von Fügung spricht er da, durch einen Kopfschuss vor noch Schlimmerem in Russland bewahrt. Ein Arzt sah ihn im Warschauer Krankenlager zeichnen, riet ihm, sich bei der Akademie der Bildenden Künste in Prag vorzustellen. Er tat es nach kurzer Überlegung. Und das „Fangens an" des Professor Hönich, eines Malers der Münchner Schule, wurde der erste Schritt zur inneren Befreiung.

„Mit jeder Faser meines Körpers wollte ich es und tat es“, erzählt er. In den schwierigen Nachkriegsjahren hielt er sich mit Reparaturarbeiten jeglicher Art und Aushilfsarbeiten über Wasser, aber auch Porträts von russischen Offizieren halfen ihm und seiner Frau.

Bilder für Brot. Das ist heute längst vorbei, aber nicht vergessen. Die Kunst ist selber Brot, eine der Menschheit zu ihrem geistigen Bestehen notwendige Nahrung. Dressler entwickelte seinen ureigenen Stil.

Alte Meister kopieren, die Klassiker der Moderne nachmachen, er hätte es gekonnt, aber er wollte nie jemanden nachahmen. Das galt ihm immer als Diebstahl. Doch er weiß, dass die Abstraktion nur dem gelingen kann, der die konkrete Darstellung beherrscht. Landschaften und Stillleben, das konnte es auch nicht sein.

Er hat früh schon den Weg in die abstrakte Farbigkeit gesucht, und eine Abstraktheit gefunden, die Figürliches nicht verwirft, sondern zulässt. Dabei beherrscht er das zeichnerische Handwerk, hat Landschaften und Menschen porträtiert.

Aber schon hier ging der Blick tief, war er dem Wesentlichen verpflichtet. Bald lösten sich die festen Formen auf. Nicht das Abbild der Welt um ihn herum galt es wiederzugeben, sondern das Gesehene auf das Sinnbildhafte zu reduzieren.

„Fantasie kann man nicht erlernen, die muss man haben", das ist auch so ein Spruch, und: „Es muss einem was einfallen und es muss eine Aussage haben."

Das Schöne, das zutiefst Beeindruckende an Dresslers Bildern ist, dass sie dem Betrachter die Fantasie des Erzeugers zurückgeben, dass dem Sehwilligen und Sehbegabten die Augen weiter aufgehen als gewöhnlich.

Wenn er mit Spachteln aus Passepartoutkarton zum Malen ansetzt, den schnell trocknenden Kunstharz verteilt, wird die Dynamik des Handgriffs schnell zur Momentaufnahme, die auch in der Erstarrung das Leben der Bewegung ausstrahlt. Madonnen, Engel, die Schlange, der Teufel, Gut und Böse, sie schleichen sich mit ein, wenn er in großer Erregung und höchster Konzentration arbeitet. Er braucht nicht den feinen Pinsel, es genügt der breite Rand der Spachtel, auch um Filigranes zu erzeugen. Symphonien des Strichs, Notaturen in farbigen Klängen sind seine Arbeiten. Und es versteht sich von selbst, dass der Liebhaber klassischer Musik diese ständig hört, auch beim Malen.

Dressler war seiner Heimat immer verbunden. Die Namen der Meister der Donauschule braucht man nicht bemühen. Er hat sie verinnerlicht und gesellt sich in ihre Runde. Und wie dort in Krems die Donau die Enge der Wachauer Berge verlässt, sich anschickt sich in die Ebene zu weiten, ist auch der Künstler Dressler immer wieder aufgebrochen. Reisen führten ihn nach Italien, Jugoslawien, Holland, Griechenland, Tunesien, Libanon, Syrien, Persien, Marokko, England, Schottland und immer wieder nach Frankreich. Reich ist er zurückgekehrt. Seine Bilder sind die Fotoalben der Reisen. Universal ist sein Blick, ist seine Kunst, die keine Heimat braucht, denn sie wird überall verstanden. Jedes Bild ist eine Retrospektive. Das Universum Dressler.

Im Kremser Atelier fühlt man sich daheim, taucht man doch in eine andere Welt ein. Dresslers Kosmos lebt in seinen Bildern. Um seine Freiheit im Leben und in der Malerei hat er lange gerungen, heute gibt sie ihm die Fähigkeit zum Kosmopoliten, zum weisen Philosophen, dessen Bilder mehr sagen als viele Bücher es je könnten. Neben der Problematik der vielfältigen Bedrohungen der menschlichen Existenz, der Natur, bleibt Platz für die Freude und den Frohsinn, die letztlich sein Werk atmet.

Dressler sprengt die Grenzen, bricht auf zu grenzenloser Freiheit und Leichtigkeit. Er hat stets als Vermittler gewirkt. Als Vermittler zwischen den Menschen, als Brückenbauer zwischen den Regionen und als Übersetzer universaler Gesetzmäßigkeiten. Die Vitalität und Expressivität dieses Tuns bleibt unverrückbar, ein ewig junger Wilder.

DIE SAMMLUNG MUTHMANN

Gute Freunde

Eine Leidenschaft verbindet mich mit Hermine Muthmann. Nein, keine Angst, das wird nicht anzüglich. Diese Leidenschaft haben wir alle in den Genen. Sind wir nicht alle Sammler? Alle jagen wir Dingen hinterher, die uns erfreuen, die wir brauchen.

Sammeln war einmal lebensnotwendig. Auf Nahrungssuche zu gehen und alles einzusammeln, was die Natur in einem bestimmten Umkreis um die ersten primitiven Behausungen, Höhlen und Hütten, herum hergab, und sich nur halbwegs als essbar erwies, war die Grundtätigkeit unserer Urvorfahren zur Bedürfnisbefriedigung, bevor sie die erste große Kulturschwelle in der Menschheitsentwicklung erreichten, und sie überschritten, indem sie den Ackerbau erfanden. Sammeln ist eine menschliche Urtätigkeit.

Seine Herkunft aus der Beschaffung rarer Lebensmittel hat sich darin erhalten, dass Gegenstand des Sammelns immer Besonderes, Wertvolles, Seltenes, Luxuriöses ist, oder dass etwas dadurch, dass es gesammelt wird, seine Auszeichnung als Besonderheit erfährt.

Ich selbst bin ein Sammler von vielem, von Büchern, auch von Kunst und vor allem von Pilzen. Da verwandelt sich Spaziergangspflicht in Waldläuferglück. Nun, so befriedige ich auf die billigste und humanste Art meinen Jagdinstinkt. Das tun wir alle, wir Sammler, egal welches Objekt wir uns auserkoren haben. Sammler sind in diesem Sinne „primitive" Menschen: Sie kultivieren eine Leidenschaft immer wieder aufs Neue, ohne die es eine Menschheit nie gegeben hätte. Sie bewahren ein menschliches Urvermögen, das auch in unserer späten Kultur lebendig bleiben muss, soll sie ihre Grundaufgabe weiter erfüllen können, Menschen das zu verschaffen, dessen sie zum Leben bedürfen.

Und das ist nie das, was die physisch-biologischen Grundbedürfnisse, Essen, Trinken, Schlafen, Fortpflanzung, erfüllt. Der erlebbare Wert des Lebens, das den Willen zu seiner Fortsetzung aufrechterhält, liegt immer jenseits der Grundbedürfnisse.

Folgen Sie mir ins Muthmann-Reich. Begehen Sie mit mir das Haus der Kunst in Salzweg im Landkreis Passau. Apropos Muthmann-Reich. Wir öffnen die Tür im Haus und gehen gleich auf ein gerahmtes Bild zu: Ein Ortsschild ist darauf zu sehen: Muthmannsreuth. Den Ort gibt es, in der Nähe von Bayreuth. Er hat nichts mit der Herkunft unserer Muthmanns zu tun. Mutige Männer (auch Frauen) gab und gibt es viele.

Das Schild ist ein Fundstück, ein passendes. Da Muthmann und Muthfrau es mit Bildern flankieren, wird signalisiert, das Muthmann-Reich ist ein Kunstreich. Die flankierenden gemalten Bilder zeigen München, Passau und Wegscheid. Wegmarken in der Biografie von Robert und Hermine Muthmann. Diese Bilder sind nur der Auftakt. Dem genauen Beobachter begegnet von nun an auf Schritt und Tritt Kunst. Augen auf.

„Das muss ich Ihnen erzählen!“ Mit diesem Satz tarnt sich der passionierte Sammler. Denn Sammler sind eigentlich Geschichtenerzähler. Sammeln ist ein Vorwand für Erzählungen. Die Emotionen, die Erinnerungen, die Wünsche, Begebenheiten, Erfolge und Misserfolge, kurz: Die Geschichten, die mit ihm verbunden sind, machen einen großen zusätzlichen Wert jedes Stückes jeder Sammlung aus. Jetzt muss ich aber schon einflechten, dass Hermine Muthmann alles andere als eine geschwätzige Frau ist. Eine redegewandte ja, aber sie plaudert nicht gleich los. Sie beobachtet erst den Beobachter.

„Ist das nicht ...", sage ich. „Ja, da haben Sie recht. Das ist ein Bild von Alwin Stützer."

Ich habe ihn gleich erkannt, den 1951 in die Donau-Wald-Gruppe aufgenommenen, ab 1945 in Neuburg arbeitenden Maler. Den Stützer, den mag sie, sie erzählt von der Neuburg, die vielen Künstlern eine Heimstatt wurde. Sie holt mir ein Aquarell aus dem Keller, ein Stillleben, legt es vor mich hin. Was sagen Sie? Ja, was sage ich? Der Staub der Jahrzehnte hat ihnen nichts angetan, diesen Farben. Der Zauber eines Malerlebens geht aus von diesem Bild. Meine Freude am Bild freut sie.

Die Freude am Bild und die Freude, die man damit auch anderen macht. Merken Sie sich diesen Punkt. Er ist wichtig. Sammeln hat viel mit Freude zu tun, der eigenen und der der anderen. Man umgibt sich mit Bildern wie mit Freunden. Da grüßen sie schon frühmorgens von der sonnenbeschienenen hellen Wand. Der Hajo Blach etwa, oder der Anton Ohme, der Herbert Muckenschnabel, oder der Holzschneider Konrad Schmid.

Kaum ein Künstler der Region, der nicht zu dieser großen Familie im Haus Muthmann zählt. Auf den Besitz kommt es nur wenigen Sammlern an; den meisten umso mehr darauf, davon berichten zu können, wie sie ihn erlangten, was sie vom Künstler wissen.

Natürlich wird das Andenken an die Donau-Wald-Gruppe hochgehalten. Liebe Hengersberger Kunstfreunde, das freut Sie, gell, hegen und pflegen doch auch Sie das Erbe dieser so bedeutenden, dieser für Ostbayern so einzigartigen Gruppe. Heinz Theuerjahr ist präsent. Hermine Muthmann hat ihn gekannt.

„Er war ein äußerst liebenswürdiger Mensch, charmant und witzig", sagt Hermine Muthmann und erzählt, wie arm dieser Künstler lange war, dass seine Frau Zenzi Socken gestrickt und verkauft hat, damit die Familie überleben konnte. Die Sammlerin erinnert sich an einen Spruch von Theuerjahr: „Es ist viel schwieriger, ein Bild zu verkaufen, als eines zu malen."

Und dann erzählt sie eine wirklich anrührende Anekdote. Als Alwin Stützer 1974 gestorben war und in Berlin zu Grabe getragen wurde, war Heinz Theuerjahr der einzige Trauergast, der hinter dem Sarg gegangen ist. Stützer war Moslem. Ein einziger Freund war ihm geblieben. Heinz Theuerjahr hat 1974 ein Flugzeug bestiegen und ist nach Berlin geflogen, vor 35 Jahren war das noch anders als heute. Und hat hinterher immer wieder von dieser Beerdigung erzählt.

Natürlich finden sich im Hause Muthmann auch Werke von Wolf Hirtreiter, dem einzigen noch lebenden Mitglied der Donauwaldgruppe. Er ruft immer wieder mal an, der fast 90-Jährige, erzählt Hermine

Muthmann. Künstler brauchen Ansprache, Künstler brauchen Zuhörer, wenn es Käufer ihrer Bilder sind, wissen sie, das sind eigentlich gute Freunde. Die leben mit meinem Strich, mit meiner Farbe, die kennen gar, warum dieses Bild flammend rot oder gefährlich blau daherkommt. Sie kennen mein Gemüt, das ich in die Farben lege. In Bildern lässt sich lesen wie in Büchern, nur, dass die Buchstaben sich immer neu mischen und keine Geschichte gleich klingt.

Einen Kubin sehe ich, einen Leicht. Den hat sie natürlich auch gekannt, einen der handwerklich besten Passauer Künstler, vielfach verkannt und unter Wert gehandelt. Der Baschtl, er lebt weiter in diesem Haus. Fast meint man, den gedrungenen Mann mit seiner Knollennase um die Ecke kommen zu sehen.

Das Glück des Sammlers ist nicht das Besitzen. Es ist das Entdecken.

Es ist wie beim Schwammerlsuchen. Oft sind es die Unscheinbaren, die besonders munden. Oft stolpert man über sie dort, wo man sie nicht erwartet hätte. So besteht eine Sammlung zwar aus einer Ansammlung von Fundstücken, welcher Art und welchen Genres auch immer, sie ist eine Versammlung von Gegenständen, von Materie; aber was sie ausmacht, haftet nur an den Gegenständen, es sind nicht sie selbst. Ein beliebiges, irgendwo aufgelesenes und der Sammlung einverleibtes Stück, hat sich in das materielle Symbol eines im Leben seines Entdeckers wichtigen Augenblicks verwandelt: Er ist zum wertvollen Gegenstand als Memorial dieses Augenblicks geworden. Eine Sammlung enthält Erinnerungen an besondere Momente in der Geschichte einer Leidenschaft.

Gleich, was einer sammelt, er sammelt immer auch Zeugen seiner Biografie. Die Sammlung Muthmann entstand ab 1951. Das heißt, sie umspannt über ein halbes Jahrhundert. Sie atmet die Kunstgeschichte dieser in der Kunst so überaus spannenden Epoche. Bei meinem Besuch im Hause Muthmann war ich ein willkommener Gast. Zum einen wohl, weil man meine Person schätzte, meine Kulturarbeit, aber auch deswegen, weil Sammlern Besucher meistens willkommen sind. Sie geben Gelegenheit zur Erinnerung, zur Vergegenwärtigung dieses wirklichen Wertes alles dessen, was einer zusammengetragen hat. Ein Sammler ist ein synthetischer Archäologe seiner eigenen Biografie. Der Sammler umgibt sich mit Gegenständen, die für die Lebensmomente einstehen, die seine Biografie bilden. Zeigt er seine Sammlung her, so zeigt er sich immer ein Stück selbst.

Anfang der 50 Jahre war Hermine Muthmann in dem sich in raschem Wiederaufbau befindlichen München eine junge, sehr an Kultur interessierte Frau. Sie hat beim Kinderfunk gearbeitet. Und sie weiß es noch genau: Ihr erstes Bild war ein Aquarell von Kaspar Walter Rauh. Dieser aus der Kriegsgefangenschaft zurückgekehrte Künstler lebte von 1945 bis 1955 unter schwierigen ökonomischen Bedingungen in dem oberfränkischen Dorf Himmelkron, wohin seine Familie während des Kriegs evakuiert worden war. Zur Sicherung seines Lebensunterhalts zeichnete Rauh die Häuser von Dorfbewohnern, für die er oft in Naturalien bezahlt wurde. Die 100 Mark, die ihm Frau Muthmann für sein Bild gegeben hat, werden ein Segen für ihn gewesen sein. Bekannt wurde er erst später. Seit 1958 war er Mitglied der Belgischen Künstlergruppe Fantasmagie, der Vertreter des Phantastischen Realismus aus ganz Europa angehören. Er starb 1983 in Kulmbach.

Meine Damen und Herren, ein Tipp. Hören sie einem ins Erzählen gekommenen Sammler gut zu. Je aufmerksamer sie sich im Zuhören beweisen, desto enger rücken sie an den Erzähler heran. Wer es dann versäumen sollte, auch bei dieser und jener Wendung des Berichtes zwar diskret, aber nachdrücklich einzuhaken und interessiert nachzufragen, dem wird manche Anekdote verloren gehen.

Ach, liebe Kunstmitfreunde, ich bin kaum über den Gang hinweggekommen, spärlich beleuchtet habe ich im Vorbeihuschen gar nicht verifizieren können, was da an Schätzen hängt, Abstraktes jedenfalls, ja, das fällt mir gleich auf. Ziemlich abstrakt und reduziert geht es zu in dieser Sammlung. Schon bin ich im Wohnbereich angekommen. Hurra. Bilder auch da und Bücher. Ich werde zur Couch gebeten. Kaum sitze ich, fällt mein Blick auf zwei Skulpturen. Dass ich meiner Freundin Renate König-Schalinski in Form einer ihrer Bronzefiguren begegne, freut mich außerordentlich. Sie erinnern sich, bei meinem letzten Auftritt hier habe ich die Ausstellung dieser Passauer Bildhauerin eröffnet. Natürlich zählt sie zur Sammlung Muthmann.

Lassen Sie mich hier kurz einfügen, dass ich von diesen Werken reden will, gerade, weil sie heute nicht in Hengersberg gezeigt werden, weil sie aber sehr wohl dazugehören. Hermine Muthmann mag sie nicht minder als die sogenannten Großen. Die zweite Skulptur hat Annerose Riedl geschaffen. Da wäre jetzt ein Ausflug ins Brunnenthal bei Schärding angebracht, wo die Künstlerin mit ihrem Alois Riedl lebt (Alois Riedl, auch ein auf der Neuburg groß Gewordener). Auf einem Sofa sitzend, kann man nicht umhin, auch an ihn zu denken, den Sitzmöbel abstrahierenden Künstler, nach dem man im Hause Muthmann natürlich nicht lang suchen muss, das Paar ist auch hier vereint.

Wer sammelt, ist unterwegs. Immer. Man kann es nicht zu Hause. Denn Sammeln heißt, in den Räumen der Welt Verstreutes zusammentragen: Vieles, was vorher zerstreut war, wird so bewegt, dass es nachher beisammen ist. Und es ist ganz gleich, womit er gerade beschäftigt ist. Ergibt sich eine Verbindung, bietet sich eine Spur hin zu einem Objekt, das in die Sammlung gehört, so wird der Sammler ihr immer nachgehen, im Extremfall jede ihn gerade leitende Pflicht außer Acht lassend. Es gibt Sammler, die nur dort ihren Geschäften nachgehen, wo sich auch Gelegenheiten zur Pirsch finden.

Wo ist sie gepirscht, unsere Sammlerin? Sie ist in München aufgewachsen bei den Großeltern. Da schon haben sie die großen Ausstellungen im Haus der Kunst magisch angezogen. Sie ist in die Museen gegangen. Dann in Galerien, Salzburg, München, Linz, auch in die Galerien der Region. Bei meinem Besuch hat sie mir erzählt, wie sehr sie eine Ausstellung in der Salzburger Residenz beeindruckt, ja betört hat. Arbeiten aus dem Guggenheim-Museum, von Kandinksy, Picasso, Chagall, all den ganz Großen.

Sie schaut sich selbst gerne Sammlungen an, verliebt sich in einzelne Bilder. Ihr Mann war Landrat im Landkreis Passau, ein sehr beliebter übrigens. Er hat das Gymnasium Untergriesbach aus der Taufe gehoben. Seine Liebe gehört der Kunst wie der Literatur gleichermaßen. Und vielleicht auch deswegen zitiert seine Frau Hermine den Literaten Polgar „Städte, die ich nie erreichte“ und wendet es für sich „Bilder, die ich nie erreichte“.

Nun, sie hat viele Bilder erreicht. Wenn für viele Sammler gilt, dass Geld keine Rolle spielt, so gilt es für Hermine Muthmann nicht. Geld hat immer eine Rolle gespielt. Freilich kann kein Sammler genug von ihm haben. Hermine Muthmann ist natürlich auch in Auktionen gegangen, hat stets mit einem Limit agiert und, wie sie versichert, sich auch nie hinreißen lassen.

Ihr teuerstes Bild ist hier heute zu sehen. Es stammt von Serge Poliakoff, es ist ein für ihn typisches Bild mit gelben nebeneinanderliegenden Farbflächen und großer Leuchtkraft. Es hat 7000 Mark gekostet. Es sei nie als Geldanlage gedacht gewesen, es habe ihr einfach gefallen. Wenn sie einen Wunsch hat, was mit ihren Bildern einmal passiert, dann den, sie nicht zu verramschen. Nun, da werden ihr Sohn und seine Familie nicht in Versuchung geraten. Ich weiß, dass Alexander Muthmann, der wie der Vater Landrat war und nun unsere Region im Landtag vertritt, nicht in Versuchung geraten wird. Wer würde schon Brüder und Schwestern verkaufen, die ihm viele Werke seiner Eltern geworden sind. Sie habe nie daran gedacht, ein Bild aus spekulativen Zwecken zu kaufen, hat Hermine Muthmann mir erzählt. Es waren immer Leidenschaft und Entdeckergeist, die sie antrieben.

Die Auseinandersetzung mit Kunst bleibt nicht ohne Auswirkungen auf das persönliche Leben. Kunst zählt neben der Beschäftigung mit dem Göttlichen zu jenen Fundamenten des Menschen, die das Leben lebenswert erscheinen lassen. Sammeln ist auch Sucht, Obsession und darüber hinaus der Wunsch nach einer tieferen Erkenntnis in wichtige Zusammenhänge.

Was für eine Kunst sammelt Hermine Muthmann? Hören wir ihre eigenen Worte: „Ich sammle keine bestimmten Künstler, keine bestimmte Richtung, keine bestimmte Technik, wenn gleich den größten Teil die Grafik ausmacht. Aber das hat einen anderen Grund. Die Preise. Da es ein objektivierbares Kriterium für Qualität in der Kunst nicht gibt, verlasse ich mich beim Kauf eines Bildes auf mein Gefühl und meinen Geschmack. Ich sammle, was mir gefällt. Gefallen ist aber nicht nur im Sinne von schön zu verstehen, sondern auch von ausdrucksstark, interessant und von Bedeutung.“ Da hat sie eine Sammlung zusammengetragen, die die Vielschichtigkeit der Jahrhundertkunst zeigt.

Ein Kunstwerk zu verstehen, ist schwer und nur wenigen gegeben. Doch das Verständnis ist nicht Voraussetzung für Begeisterung. Hermine Muthmann ist stolz auf alle ihre Bilder. Ein jedes gefällt ihr aus einem anderen Grund. Da kann schon sein, dass einem anderen Betrachter ein Bild eher ganz und gar nicht gefällt. Sie hat mir ein solches Erlebnis geschildert. Ich nenne den Namen des Künstlers nicht, er weilt noch unter den Lebenden. Ich kann ihnen und ihm nur sagen, dass Hermine Muthmann all ihre Bilder zu verteidigen weiß. Weiß sie doch, dass es keine schöne und hässliche Kunst gibt, nur gute und schlechte. Und jede Kunst gilt, wenn man ihrer bedarf.

So bin ich denn mit ihr hochgestiegen, bin im Treppenhaus gleich mal hängen geblieben, warum, das sage ich gleich. Ich weiß jetzt, wozu ein großes Haus mit vielen Gängen und weißen Wänden, vielen Zimmern, Erkern und Nischen gut ist. Überall, all überall ist Platz für Bilder. In diesem Haus wird es nie einsam.

Die Bilder sind da. Bevor ich sage, welche, ein paar Texte: Wer über Hermine Muthmann spricht, kann nicht umhin, über ihren Mann Robert zu sprechen, Lyriker, Aphoristiker, Essayist. Zeitlose Sentenzen hat er der Nachwelt geschenkt. Und viele gruppieren sich zu den Bildern im Muthmannsreich.

Die Expressionisten

Schreien!
Mit Farben.
Mit Formen.
Mit Worten.
Mit Tönen
Schreien.

Besuch beim alten Maler O.

(Passau-Bild von Anton Ohme)

Er sagte:
Wer hätte heute noch Zeit,
eine kleine, unscheinbare Blume zu malen ...
Die Modernen
malen nur noch
ihre Ideen.

Was modisch im Geschmack

Was modisch im Geschmack,
das wird sehr schnell vergessen.
Gehalten hat sich immer nur,
was einen zeitlos echten Kern besessen.

An die Freunde der Kunst

In der Kunst darf man nicht eilen.
In der Kunst, da braucht man Zeit.
Jedes Detail will,
dass wir aufmerksam verweilen.

Verweilen wir also ein wenig bei jener Kunst, die Sie heute hier sehen können. Ich werde nicht alle Namen aufzählen, aber einige schon. Marino Marinis (1901–1980) „Drei Pferde", eine Farblithografie aus dem Jahr 1958. Pferde sind das große Thema des italienischen Künstlers, Ausdruck für Mythos und Wirklichkeit, Schönheit und Verderben. Er malt und schneidet sie in bizarren Silhouetten, verzichtet auf jegliche Evozierung von Dreidimensionalität und doch entfalten sie im Zusammenspiel von Expressivität, Abstraktion und kühner aber ausgewogener Komposition eine beeindruckende Dynamik und Ausdruckskraft.

Tiere dann ganz anders von Niki de Saint Phalle. Die Farbserigrafie „Cirque Knie". Sie kennen die Nanas, die betont üppigen Frauen mit runden Formen. Sie hat auch Tiere gemalt. Bei der Gelegenheit sollte ich anmerken, dass Frau Muthmann auch Plakate sammelt, Plakate von Ausstellungen. Vielleicht sehen wir diese ja ein anderes Mal.

Ein anderer ganz Großer: Salvador Dalí. „Condottiere". Kaltnadelradierung mit Aquatinta und Lithografie, 1975. Der Heerführer, ein beklemmendes Bild des großen spanischen Surrealisten. Zwei schöne Bonmots von ihm finde ich passend. „Der einzige Unterschied zwischen mir und einem Verrückten ist der, dass ich nicht verrückt bin." und „Habe keine Angst vor der Perfektion. Du wirst sie nie erreichen."

Bleiben wir beim Mythos und erstmals bei einem großen deutschen Künstler. Markus Lüpertz „Parsifal". Kopfgestalten sind ja eines seiner großen Themen. Lüpertz hat eine schöne Antwort auf die Frage junge-alte Maler gegeben: „Was sollen diese Begriffe – junge Maler, junge Malerei. Raphael ist mit 33 Jahren gestorben, der war ein junger Maler und trotzdem ein Meister. In der Malerei gibt es keine Zeit. Man ist auch als 100-Jähriger jung, wenn man vital bleibt. Man ist als 30-Jähriger ein Greis, wenn man nichts mehr zustande bringt. Und es hat immer wieder Strömungen gegeben, die plötzlich en vogue waren – denken Sie an die Jungen Wilden. Diese Maler hatten von heute auf morgen Erfolg. Die Leute liebten plötzlich diese hingerotzten Sachen, diese sexuellen Inhalte. Aber mit Malerei hat das nichts zu tun, weil die Malerei ihre eigene Bedeutung hat. Von den Malern, die damals die Kunstmärkte beherrschten, ist heute nichts mehr zu hören."

Von den Malern, die Hermine Muthmann damals gekauft hat, ist bis heute zu hören. Sie sind die Großen geworden. Die Grafiksammlung ist absolut museumsreif. Von Köpfen war die Rede. Da darf Horst Antes nicht fehlen, „Paar mit toter Figur", eine Lithografie aus dem Jahr 1965, ein schönes Beispiel für die Kunst des Erfinders der Kopffüßler. Antes hat die Kunst des 20. Jahrhunderts nachhaltig beeinflusst. Antes hat übrigens an der staatlichen Akademie der Bildenden Künste in Karlsruhe bei dem bedeutenden Holzschneider HAP Grieshaber studiert. Grieshaber haben sie alle gekannt und geschätzt. Bereits 1959 wird das Werk von Horst Antes mit bedeutenden Einzelausstellungen in London, New York und Tokio und mit zwei Preisen geehrt.

Antes sucht in seiner frühen Malerei einen Weg zwischen figurativer Malerei und dem Informel. In dem Motiv des „Kopffüßlers" findet Antes um 1960 eine Form, die ihn seitdem in zahllosen Variationen und Abwandlungen sowie verschiedenen künstlerischen Techniken fast ausschließlich beschäftigt. Diesen Weg zwischen dem Figurativen und dem Informellen, den begeht auch unsere Sammlerin ganz gerne.

Natürlich darf Georg Baselitz nicht fehlen. Kiki Kogelnik ist da und mit der Kärntner Künstlerin und ihrer „Maske" sind im selben Atemzug Arnulf Rainer und Maria Lassnig zu nennen. Langsam, meine

Damen und Herren, schält sich hier eine klare Linie heraus. Es sind die großen Künstler des 20. Jahrhunderts aus dem europäischen Raum, Kogelnik ist von Poliakoff beeinflusst und gleichzeitig steht sie für ihre „Frauen"-Kunst.

Wie Maria Lassnig, die ja gerade im hohen Alter Furore macht. Auch sie ist eine Kärntnerin wie Kogelnik. Nach surrealistischen Anfängen ist Lassnig in den 1950er Jahren prägend für das neu aufkommende Informel in Österreich. Kennzeichnend für ihr umfangreiches Werk sind jedoch die Körpergefühlsbilder, mit denen sie sich im Laufe der Jahre vollkommen von stilistischen Zwängen und Vorbildern löst.

Das Thema Körper – Körperlichkeit – Körperempfinden wird heute von vielen Künstlerinnen bearbeitet; Lassnig ist eine der ersten, die sehr früh mit ihrer Malerei die weibliche Position in der Kunstwelt und in der Gesellschaft reflektiert und gerade auch den Einfluss des weiblichen Körpers auf Lebensentwurf und Biographie einer Künstlerin drastisch und offen darstellt. Ihr Mittel ist die klassische Malerei, eine Figuration ohne einfache realistische Abbildung – Lassnig malt das Subjekt, nicht das Objekt. So sind es immer wieder Selbstportraits, angereichert mit surrealen Elementen, die eine eigenartige und ganz spezifische Schwebe zwischen Nähe und Fremdheit erzeugen.

Wenn ich hier etwas ausführlicher geworden bin, so um es mir bei den folgenden Künstlern einfacher zu machen. Für sie trifft Ähnliches zu. Arnulf Rainers Name ist gefallen. Hier sehen Sie ein übermaltes Fotoporträt. Eine Maske der anderen Art, die er sich überstülpt, mit der er sich aber gleichzeitig wieder entblößt. Andere hier nicht gezeigte Bilder stammen von Christian Ludwig Attersee, Hermann Nitsch. Diese wie die ausgestellten Bilder von Ernst Fuchs, R.A. Penck, Emil Schumacher, Sandro Chia, Roberto Matta oder Adolf Frohner thematisieren Gestalt, meist menschliche Gestalt, mehr oder weniger stark abstrahiert, fragmentiert, gebrochen, verschlüsselt, fast archaisch auf die Fläche geworfen wie Höhlenmalereien. Und eines der Höhepunkte, ein Blatt des Bildhauers Henry Moore, eine hingehauchte Skizze von nackten Menschen.

Der Mensch in seiner Verletzlichkeit, das zeigt auch Adolf Frohners Blatt „Angst". Das geschundene Individuum, das Leid, Angst, Schmerz und Bedrohung ausgesetzt ist, zeigt er mit schockierender Direktheit. Ein weiteres Bild, eines von Hans Fronius könnte eine Illustration zu Franz Kafkas „Prozess" sein. Weil es so treffend ist, möchte ich Ihnen hier ein Gedicht von Robert Muthmann vortragen, das er zu diesem Bild geschrieben hat:

Justiz-Kritik

Wer lügt
betrügt
wird eingesperrt.
Das gilt für alle kleinen Fische.
Nicht so summarisch
für die großen Hechte.
Das eben ist an der Justiz das Schlechte.

Ist das nicht zeitlos aktuell? Und kann Kunst nicht Zeuge sein, benennen, was uns vom Menschsein immer weiter entfernt? Ja, ich denke schon.

Sammeln ist eine prinzipiell unabschließbare Tätigkeit. Sammeln heißt, zu dem, was schon gefunden wurde, immer noch ein weiteres Stück desselben dazu haben zu wollen. Die unendliche Variationsvielfalt des Selben ist die eigentliche Herausforderung des Sammlers. Er will wissen, welche Varianten es von dem, was ihn fasziniert, geben kann. Ist sie durch die Natur seines Sammelgebietes begrenzt, wendet er alles daran, Vollständigkeit zu erreichen – in der Hoffnung, eines Tages auf ein Stück zu treffen, dessen Existenz unbekannt war. So sind in den grafischen Kunstsammlungen die Stücke die wertvollsten, die kein Werkverzeichnis kennt. Der Sammler will finden, was es nicht gibt. Denn er sucht in jedem Fund, was ihm ebenso wie allen anderen auch am unbekanntesten ist: sich. Indem er das ihm Wertvolle um sich versammelt, sammelt er sich zu sich selbst. Gelingt ihm das, ist er der glücklichste Mensch.

So erweist das (Kunst-) Sammeln sich als die vernünftigste aller Leidenschaften.

Einen Namen habe ich noch nicht genannt, den ich nennen sollte. Fritz Winter. Von diesem 1976 in Herrsching gestorbenen Maler hat sie Bilder, aber hätte sie gerne ein Ölbild. Nun noch ist nicht aller Tage Abend. Sie haben keinen exhibitionistischen Drang, haben Sie mir gesagt. Sie freuen sich jeden Tag an ihren Bildern. Diese geben ihnen Trost. Danke, liebe Frau Muthmann, dass Sie uns doch teilhaben lassen an ihrer Freude an den Bildern. Heute darf es auch die unsere sein. Weil Kunst eine Sprache der Empfindung ist, die da aufhört, wo der Ausdruck mit Worten aufhört, höre auch ich auf. Genug der Worte

VOM ENDE DER EWIGKEIT ZUM ANFANG UND WIEDER ZURÜCK

Da steht er, zwischen dem Georgsberg, auf dem die Veste Oberhaus thront, und dem Steinbühel, von dem das Nonngütlein herabgrüßt, und richtet seinen Blick voraus. Meine Damen und Herren, wir sind in Passau.

„Zwischen beiden Bergen ist eine Schlucht, durch welche ein Wasser hervorkömmt, das von oben gesehen so schwarz wie Tinte ist. Es ist die Ilz, es kömmt von dem böhmisch-bayerischen Walde, der überall die braunen und schwarzen Wasser gegen die Donau sendet, und vereinigt sich hier mir der Donau, deren mitternächtliches Ufer es weithin mit einem dunklen Bande säumt."

Adalbert Stifter weiß, wovon er schreibt, im „Ladenstöckl“ des Rosenbergergutes in Lackenhäuser, wo er diese ersten Zeilen seines 1876 erschienen Romans „Witiko“ zu Papier bringt. Wie er seinem Freund Franz Xaver Rosenberger versichert, hängt seine „ganze Seele an dieser Gegend“. Von der in Passau in die Donau mündenden Ilz geht es hinauf in das Waldmeer, das Stifter so ergreift.

„Mitternachtswärts ... steigt das Land staffelartig jenen Wald empor, der der böhmisch-bayerische genannt wird. Es besteht aus vielen Berghalden, langgestreckten Rücken, manchen tiefen Rinnen und Kesseln, und obwohl es jetzt zum größten Teile mit Wiesen, Feldern und Wohnungen bedeckt ist, so gehört es doch dem Hauptwalde an ...“

Daran habe ich gedacht, als die Frage an mich herangetragen wurde, ob ich eine Einführung zu Friedrich Ch. Zauners neuem Buch machen möchte, in Linz im Stifterhaus. Eine Einführung zu Friedrich Ch. Zauner, nein, meine Damen und Herren, eine Einführung zu diesem Mann, zu einem der wichtigsten zeitgenössischen österreichischen Schriftsteller, möchte ich, obwohl ich zugesagt habe, nicht machen.

Eine Einführung zu einem Werk Zauners würde ich sehr kurz fassen. Dieser Mann und sein Werk passen in keine Schublade, in eine solche würde eine herkömmliche Einführung sie aber unweigerlich stecken. Eine einzige Empfehlung sollte eine Einführung sein, die lautet:

Lesen Sie diese Schrift, lesen sie diese Worte, sie fügen sich zusammen zur Realität, der Ihren, der unseren, der universalen. So sollte ich es auch mit diesem Moses-Roman machen. „Lesen Sie ihn, er führt Sie zu sich selbst“

Also keine Einführung, aber ein Erklären meiner persönlichen Zaunersuche und -findung.

Hätte Adalbert Stifter seinen Helden nicht auf die linke Donauseite gestellt, ihn nicht ilzaufwärts in den Bayerwald, der damals schlicht das große böhmische Waldgebirge war, wandern lassen, sondern auf der rechten Seite, da wo der eigentlich mächtigere Fluss daherkommt, der Inn, der in Passau wegen ein paar Kilometern weniger im Gepäck seinen Namen an die Donau abgeben muss, dann wäre er ins Zaunerland hinaufgewandert, wie viele andere es getan haben, der von mir so geschätzte Hans Carossa, dessen Villa einen Steinwurf von meinem Haus steht, der oft und gerne zum Zwickledter Magier gewandert ist oder mit dem Zug nach Wernstein gefahren ist, der mit Alfred Kubin wie so viele bekannte Zeitgenossen auch Briefe ausgetauscht hat, in denen das Inntal immer mitschwang. An den Passauer Autor Max Peinkofer habe ich gedacht, dessen Nachfolger als Heimatglöckner der Passauer Neuen Presse, einer heimatkundlichen Beilage, ich bin, und der ebenso mit Kubin wie mit Carossa befreundet war. Stifter hat den Böhmerwald verewigt. Der Sauwald blieb dem Zauner vorbehalten. Und das ist gut so.

Mein Denken an Stifter, Carossa, Kubin und Co., meine Damen und Herren, hat mich zu Friedrich Zauner geführt. Als Leiter des Feuilletons der Passauer Neuen Presse in den Neunziger Jahren habe ich „Das Ende der Ewigkeit" kennengelernt. Dieses monumentale Epos, das ich ihnen hier auch nicht vorstellen muss, hat mich auf die Spuren eines Carossa, Kubin, eines Richard Billinger oder Max Peinkofer gesetzt. Ich wurde neugierig auf den Sauwald. Überwiegend mit dem Fahrrad bin ich innaufwärts und donauabwärts aufgebrochen, in eine Landschaft von Tälern durchschnitten, nicht nur ins Inn- und Donautal, sondern in Nebentäler von hoher Schönheit.

Diese Landschaft zwischen Inn und Donau, durch das Dreieck gezeichnet, das die Orte Haibach, Freinberg, Schardenberg, Oberesternberg und Wernstein bilden, wo beträchtlich weite Höhen sind, Wälder, Wiesen und Felder sich mit weit entfernten Hügeln und Bergen wechseln, das Nahe mit dem Fernen sich verbindet. (Übrigens sind in den Märztagen 1938 auch über das Mariahilfer Tal die Panzerwagen der deutschen Wehrmacht gezogen, hat Hitler seine Truppen in sein Heimatland einmarschieren lassen, durch den Sauwald. Auch das sei angemerkt).

Ich bin also das Passauer Tal hinab und den Passauer Wald hinauf, durchs Kösslbachtal z. B., hinein in den Sauwald aufwärts zum Haugstein, der höchsten Erhebung. Sie wissen, meine Damen und Herren. Der Sauwald ist nicht nach Wildschweinen benannt, die es auch gibt hier, der Name ist durch eine Wortverkürzung entstanden. Aus dem Passauer Wald wurde der Sauwald, der nichts anderes ist als die Fortsetzung des Böhmerwaldes, der denselben Charakter, dieselbe Bodenbeschaffenheit hat.

Nun auf den Spuren der „Ewigkeit“ bin ich Zauner gefolgt, über den Kupferhammer in Haibach, wo Carossa und Kubin oft fröhlich zechten, das Haibachtal hinauf nach Winkl, nach Steinbrunn, über den Schardenberg, der auch Fronberg heißt weiter und gar oft führte mich der Weg auch vorbei an Rainbach, dort wo der Zauner geboren wurde, wo er lebt und schreibt. Ich habe Thal gefunden, bin in Oed eingetreten, habe das Fegfeuer besucht und mich im Hintern Wald verlaufen.

Meine Damen und Herren, ich bin ins tiefe Innviertel geraten, in die tiefste Provinz möchte man meinen, die so voller Welt war und ist wie sonst nirgends. Diese Wege sind heute noch gangbar, die Entdeckungen sind immer noch möglich. Was Zauner in seinem Romanzyklus so kompromisslos, so genau und so real beschrieben hat, es ist immer noch da. Dort also habe ich das „Ende der Ewigkeit“ kennengelernt. Und nun stehe ich, wenn man so will am „Anfang der Ewigkeit“. Vom Sauwald ins alte Ägypten geraten, in die Wüste und dorthin, wo Milch und Honig fließen.

Die junge Verlegerin Anna Duschl hat sich meiner erinnert und mich gebeten, den von ihr verlegten „Exodus“ zu lesen und ein paar Zeilen darüber zu schreiben. „Der Aufbruch“ und „Die Wüstenwanderung“. Es hat nicht lange gedauert und ich habe erkannt, ich bin ja eh im Zauner-Land. Dieser Schriftsteller schreibt an einem einzigen großen Werk. „Exodus“ gehört dazu. „Hiob“, „Ruth“ und „Abraham im ägyptischen Exil“, „König David“, diese Figuren hat er in seinen Evangelienspielen dramatisiert. Für den Moses hat er sich wieder die Bühne der Erzählung gesucht. Und auch hier ist es ein Bloßlegen der Wurzeln unserer Kultur.

„Alles, was in den zweitausend Jahren abendländischer Geschichte im Guten wie im Bösen, an Großartigem wie an Fehlerhaftem passiert ist, hat seinen Ursprung in jenem Gedankengut, das uns in der Bibel überliefert wird.“ Das sagt Zauner selbst, dessen Opus Magnum „Das Ende der Ewigkeit“ einem Mikrokosmos im Makrokosmos gleich diese Jahrtausenderzählung zu fassen vermag. Die Bibel macht unsere Kultur, macht unser Zusammenleben, macht letztlich uns selbst aus. Ob wir das wollen oder nicht, ob wir das wissen oder nicht. Friedrich Ch. Zauner erkennt die Prägekraft biblischer Geschichten, liest sie seiner Zeit und deren Akteuren ab und wieder vor.

Er sagt seinen Lesern auch, dass die biblischen Helden gar keine Helden sind, sondern durchwegs gebrochene, problematische Figuren, behaftet mit allen erdenklichen menschlichen Schwächen. So wie jeder von uns. Abraham verlangte von seiner Frau Sara, sich als seine Schwester auszugeben, damit er mit seinem Volk überleben konnte. David, der poetische Hirtenknabe, führte als König ein Leben, das keineswegs vorbildhaft war. Und schließlich verhielt sich ja selbst Jesus zum Leidwesen seiner Apostel keineswegs heldenhaft. Er schwitzte Blut und wurde nicht als glorreicher Sieger, sondern als erniedrigter Gekreuzigter zum Leitbild.

„Für mich rückt er", sagt Zauner, „rücken die Bibelfiguren durch ihre Schwächen und ihre Mangelhaftigkeit nur noch näher an uns heran, die Heiligen und Helden bleiben Wunschbilder, denen man als gewöhnlicher Sterblicher kaum nacheifern kann."

Und nun also Moses. Zauner stellt die alte Geschichte von Moses, seinem Aufbruch und seiner Wanderung neu und doch authentisch dar. Er ist ein genauer Beobachter und ein noch präziserer Exeget des Vorgefundenen. Sein Moses ist kein Held, so wie Gott, sein Herr, nicht der „Liebe“, sondern der Unbequeme ist. Moses ist kein perfekter Mensch, er schlägt einen Ägypter tot, weil der einer jungen Frau Gewalt antut.

Zauner schildert dies so unaufgeregt wie realistisch: „Moses schaut in das ausgemergelte Gesicht des Arbeiters, sieht es wie zum Greifen nahe vor sich, sieht Augen trüb und rotgerändert vom Ziegelstaub, sieht die messerschmalen Lippen und spürt förmlich, wie das Blut in seinen Halsadern hämmert. Er könnte sich abwenden. Was bedeutet ihm der Mann? Er würde ihn am anderen Morgen kaum wieder erkennen. Aber er geht ganz ruhig und keinen Schritt schneller als der Ziegelträger über das Feld, entreißt dem Aufseher, der das Schwert gezogen hat und kurz unsicher wird, weil er einem Ägypter gegenübersteht, die Waffe, als wäre es ein leichtes, und tötet ihn mit zwei Hieben. Moses erschrickt, er steht eine Weile wie benommen.“

Meine Damen und Herren, wir erschrecken auch und werden leicht benommen: Moses ist ein unberechenbarer Mann und voller Makel. Er hat große Mühe zu sprechen. Er kann kaum gehen, ist selbst unzugänglich. Und doch führt er sein Volk und geleitet es durch die Wüste. Denn er hat eine Idee und er hat ein Ziel. Das macht ihn aus. Und auch, dass er das Ziel nicht erreicht, wohl aber sein Volk, das er durch die Wirrnisse der Zeit geführt hat, ist Sinnbild unseres Menschseins.

Gegen Ende des Romans lesen wir: „Moses ist nicht der Mann, der Berge ansteuert, der Ziele findet, der Aufgaben löst. Moses sieht, was er sieht, darin liegt seine Stärke, er hört, was er hört, während alle übrigen in Taubheit erstarren. Moses ist der er ist. Das macht ihn aus."

Friedrich Zauner hat mir, als ich ihn im Sommer besucht habe, von Johannes XXIII. erzählt, vom Hirten, vom Bauern, der als Übergangspapst auf den Stuhl Petri gekommen ist, und der die Kirche verändert hat, wie keiner vor ihm, erwies er sich doch bald als einer, der Mut zu historischen Veränderungen hatte. Zauner hat den Roncalli-Papst mit seinem Moses verglichen. Moses als Sinnbild für den Menschen, in dem mehr steckt, als er und andere glauben. Moses als der Mensch, der durch die Wirrnisse der Zeit muss, der dabei seine Kinder mitnimmt, ohne eigentlichen Plan, aber mit einem Ziel vor Augen. Den letzten Schritt kann er nicht mehr gehen, den letzten Schritt macht der Sohn, macht die Tochter. „Jede Wanderung ist eine Suche" lesen wir und „Für mich ist der Weg zu Ende. Für die anderen und auch für uns geht die Suche weiter."

Ich möchte hier mit einem Zitat eines Mannes schließen, der Friedrich Zauner sehr gut gekannt hat und der leider im Oktober 2012 verstorben ist: Der Germanist und Radiojournalist Walter Münz, ein gebürtiger Passauer hat zu Zauners Werk gesagt:

„Dichtung, die in Zeitgenossenschaft zu einer gekreuzigten Menschheit steht, muss sich allzeit selbst nach ihrem Sinn fragen. Dieser scheint erfüllt, wenn sie es vermag, in kommenden Geschlechtern eine neue Ehrfurcht zu erwecken, um so mehr in einer geheimnislos gewordenen und jedem menschlichen Frevel verfügbaren Welt, der die Hoffnung auf ein letztes Mysterium geblieben ist, das der Gnade.“

ICH MAG SOLCHE GESCHICHTEN

Glauben zwischen den Welten.

Ich mag Geschichten und ich stelle das Ich an den Anfang. Denn hat nicht Bernhard von Clairveaux geschrieben. „Brüder erkennt, dass er Gott ist. Doch damit ihr dazu einmal fähig werdet, müsst ihr euch zuerst bemühen zu erkennen, wer ihr selber seid."

Der Mensch braucht nicht Meere überqueren, Wolken durchdringen, Berge übersteigen, sondern nur in sich zu gehen und dort seinem Gott zu begegnen. Freilich ist das Christentum keine Religion für Egomanen. Aber nicht zuletzt Benedikt XVI. sagt, es gibt so viele Wege zu Gott, wie es Menschen gibt, das heißt nichts anderes, als dass jeder Mensch seinen Weg finden muss.

Ich mag Geschichten, gute Geschichten und auch schlechte, um sie gegen die guten abheben zu können. Schließlich war am Anfang das Wort. Läuft es einem da nicht kalt den Rücken hinunter, wenn der Evangelist Johannes sagt: „Alles ist durch das Wort geworden, und ohne das Wort wurde nichts, was geworden ist." Der Code des Menschen ist eine Kombination aus vier Buchstaben. Geschrieben vor Urzeiten. Die Schrift können wir erkennen, aber werden wir sie jemals wirklich in Gänze lesen können. Selbst in Zeiten, wo Wissenschaftler glauben, ein Gottesgen ausgemacht zu haben, würde ich sagen: Gott lebt.

Ich begebe mich hier auf eine gefährliche Gratwanderung. Das ist kein wissenschaftlicher Vortrag. Das ist eine im Nachdenken entstandene Selbstverortung. Ich oute mich als gläubigen Menschen, versuche zu erklären, warum oder wie ich zwischen Vernunft und Glauben chargierend, sowohl die Bibel als auch den „Herrn der Ringe", aber auch die Geschichten von Lewis, Rowling oder Shakespeare – denn ist der Meister aus Stratford on Avon nicht ein Vorfahr Tolkiens – ohne Schaden und mit Freude lese. Lassen Sie mich aber zunächst wirklich persönlich werden.

An meinem Anfang standen viele Geschichten. Die althergebrachten und die erfundenen der Eltern und Großeltern beim abendlichen Erzählen zunächst. So bald ich lesen konnte, war es mir zunächst egal, was ich in die Finger bekam.

Die Lurchi-Hefte, die man in Passau im Schuhhaus Resch bekommen hat, die Versandhauskataloge, die damals wertvolle Güter waren, die von Haus zu Haus gingen, die Tibor-, Falk- oder Sigurdhefte, die meine um zehn Jahre älteren Cousins nicht mehr lasen und zu ihrem späteren Leidwesen mir vererbten, aber auch Karl May und Perry Rhodan, egal ob aus der Bücherei oder fast zerfetzt auf der Straße getauscht. Der „Siebenkäs" von Jean Paul (in dem es um die Unsterblichkeit geht) und bald schon Tolkien. 1975 hat er sich in meine Welt geschlichen und immer noch werde ich nicht müde, die Werbetrommel für den Oxford-Professor zu rühren, dessen Werk längst das Alte Testament der Fantasy-Gilde ist.

Mehr und mehr hat sich mir die Vielfalt der Welt durch die Lektüre solcher Bücher erschlossen, hat meine Fantasie angefangen, Purzelbäume zu schlagen, die man bei Rollenspielen in Wald und Flur auf friedliche Weise austoben konnte. Wir sind in den Weltraum gereist, in den Wilden Westen und ins nicht minder wilde Kurdistan. Die Welt war im Kopf und dort ein Kinoprogramm, das unbezahlbar war. Aber, liebe Zuhörer, da waren noch andere Geschichten, und die waren schon da, bevor ich lesen konnte, und sie blieben, als ich es konnte.

Ich meine die biblischen Geschichten. Es sind hervorragende Geschichten, immer noch. Mystizismus hat mich hier am Rande Passaus umgeben in meiner kleinen dörflichen katholischen Welt. Katholizismus war das Vernünftige und Normale, das Selbstverständliche. Alle Bilder, die mich umgaben, die Schutzengel an der Kinderzimmerwand, die Jesus-Gemälde im Nazarener-Stil bei der Großmutter, die

Rosenkränze da und dort, die Fleißbildchen mit den Heiligen von der Lehrerin, die gereimten Gebete, die Kreuze am Wegesrand, vor denen man sich bekreuzigte, all das schuf eine Atmosphäre, in der es nicht schwer war zu glauben. Gott war einfach da.

Der Gott des alten Testaments und die Gestalten, die so tolle Geschichten hergaben, wie die von Noah z. B. oder von Moses und seinem Auszug aus Ägypten, von Daniel in der Löwengrube, von Jona im Bauch des Wals, David und Goliath, der Königin von Saba, von Sodom und Gomorrha und vieles mehr. Aber das Neue Testament mit diesem Jesus übte schon einen unvergleichlich stärkeren Reiz aus. Dazu etwas später.

Ich möchte in die Kindheit zurück. Ich bin in einem Viergenerationenhaushalt aufgewachsen. Die Generationen hatten ihre Funktionen, da griff ein Rädchen ins andere. So selbstverständlich wie die Mutter oder die Großmutter die Kinder hüteten, kümmerten sich diese später um die Mütter und Väter.

Heute, ja heute gibt es dieses Modell leider viel zu selten und wir tun auch alles, es in Vergessenheit geraten zu lassen. Dabei sicherte es eine von Moral getragene Gesellschaft. Hier beginnt die zivilisatorische Relevanz des Christentums. Ein an den Rand gedrängter Gott hat fatale Folgen für das Wertesystem. Das wird im 21. Jahrhundert allenthalben sichtbar.

Und wenn Sie mir hier einen ersten Einschub erlauben – erinnern wir uns an C.S. Lewis. Der Schriftsteller war christlicher Theologe. Er wurde für seine Chroniken von Narnia angegriffen, weil Hexen, Götter, Göttinnen und animistische Geister darin vorkamen.

Warum nimmt man ihm übel, was man an Shakespeare preist? Aber hat das Werk von Lewis nicht eine tief christliche Botschaft. Wie C. S. Lewis selbst sagte: „Innerhalb einer gegebenen Story ist ein Gegenstand, Mensch oder Ort stets genau das, als was die Story ihn effektiv hinstellt, weder mehr noch weniger noch anders."

Anders gesagt: Selbst wenn die Bausteine einer Geschichte aus dem Heidentum stammen mögen, sie werden lediglich benutzt, um eine Geschichte zu erzählen. Das Wesentliche ist, was die Geschichte aussagt. C. S. Lewis, J. K. Rowling und J. R. R. Tolkien waren und sind engagierte Christen. Die Aussagen ihrer Werke sind christliche Aussagen – der Triumph des Guten über das Böse. Nur darum geht es.

Zurück in meine Kindheit: Der Alltag damals war geprägt von einem benediktinischen Lebensstil, ich meine nicht den Papst, sondern seinen Namenspatron, jenen Benedikt von Nursia, dessen 1500 altes Erbe zeitlos ist. Respekt statt Rendite, es wirkte die Kraft geerdeter Spiritualität. Leistungsfetischismus und Konsumzwang hatten noch nicht die Oberhand gewonnen. Meine Großmutter hat mir beigebracht, nichts wegzuwerfen, schon gar nicht Lebensmittel. Das Einfache konnte wunderbar sein, das Hässliche schön. Tiere waren Geschöpfe Gottes, die man nicht quälen durfte. Da wurden die Ressourcen der Natur geschätzt. Der Mensch eingegliedert in einen großen Kreislauf, den er nicht beschädigen sollte, denn alles hatte seine Funktion.

Wie oft hat mein Opa den Herrgott gerufen oder den „Jessas". Ihm galt es Ehre anzutun. Was war ich verwundert, als ich erstmals in der Stadt auf dem Weg zum Gymnasium jeden grüßend, kaum einen Gegengruß auf mein Grüß Gott bekam. Eine Zeit lang grüßte ich unverdrossen weiter. Höflichkeit war ein Gebot. Ordnung, Fleiß, Genügsamkeit, eine einfache Lebensregel. Freude am Leben kam dazu. Man musste sie in keinem Chatroom oder sonst wo suchen. Man sah die Schöpfung und sich selbst als Geschöpf. In Gottvertrauen stürzte man sich in Abenteuer, die damals wirklich noch vor jeder Haustür auf der grünen Wiese, im Wald oder am Fluss warteten.

Früh schon Ministrant, habe ich die lateinischen Gebete nicht verstanden, auch die Litanei des Rosenkranzes nicht. Da ging es um Geheimnisse, die wir geerbt hatten und die sich uns schon noch erschließen würden.

Übrigens teile ich das kindliche Erleben mit Benedikt XVI., dem deutschen Papst mit Wurzeln unweit von Passau, von dem in meinem Vortrag auch die Rede sein muss. Er hat, wie er sagt, durch die „Schönheit der Liturgie" zum Glauben gefunden, als noch kniend gebetet wurde und die Kinder eine fremde Sprache murmelten, ohne den Sinn zu verstehen.

Ich glaube, der damals in meiner Heimatexpositur als Pfarrer wirkende Mann hat sie auch nicht verstanden, aber er hat dem Grundschüler so lebendig von Engeln erzählt, dass der sie fliegen sah. Und gut zehn Jahre später hat der hochverehrte Kirchenhistoriker und Seelsorger Prof. Dr. Dr. August Leidl sich mit einem aufmüpfigen Rebellen abgemüht, der ständig widersprochen hat, aber unendlich viel gelernt hat von dem Historiker, der allzu oft sagte, wer nicht weiß, woher er kommt, weiß nicht, wohin er geht. Sich im aristotelischen Gespräch, in der Dialektik zu schulen, war ein Segen für später.

Das war zu einer Zeit, als die großen Sozialtheoretiker des Bürgertums die Hypothese schon längst formuliert hatten, der Glaube sei letztlich eine unreife Vorform des Wissens. Max Weber hat das auf die suggestive Formel von der „Entzauberung der Welt" durch Wissenschaft und Technik gebracht. Ihm zufolge löst sich all das, was der menschlichen Vernunft in vormoderner Zeit rätselhaft blieb und zauberischreligiöse Vorstellungen nährte, mit der fortschreitenden Erforschung und Anwendung der Naturgesetze von selbst auf. Aber meine Damen und Herren, wir stellen gerade fest, dass die Welt wieder verzaubert wird, der Glauben kehrt zurück – freilich nicht immer auf eine Weise, die man gutheißen kann. Doch das Thema Fundamentalismus wäre ein anderes.

Manchmal meine ich, mein Aufwachsen in den späten 60er und frühen 70er Jahren fand auf einem anderen Planeten statt. Ich bin sicher, mein von mir so geschätzter Großvater, der seinen Glauben durch zwei Weltkriege hindurch nicht verloren hat, würde heute sagen: Ja, haben denn die Leute gar keinen Glauben mehr. Ich weiß heute, dass damals mein Glaube das Fundament so fest betoniert bekam, dass es trotz aller Anfechtungen hält. Es gibt keine heile Welt, das lehrt das Leben irgendwann einmal jedes größer werdende Kind. Aber es gibt christliche Werte, die es gilt genauso zu verteidigen wie Demokratie und Frieden.

Bernhard von Clairvaux hat gesagt: „Ich glaube, damit ich erfahre", und „glauben heißt gefunden zu haben." Man muss also suchen, auf Entdeckungsreise gehen. Und man wird finden, überall, man macht es sich nur zu wenig bewusst. Die Kirche hat uns ein Gottesbild bereitgestellt. Es ist voller Bilder, Schriften, Visionen, Gedanken. 2000 Jahre lang hat eine große

Gemeinschaft daran gearbeitet. Die katholische Kirche verbindet Lehre und Tradition, Überlieferung und Fortschritt, Geist und Gemüt, Leib und Seele, Physik und Metaphysik, Sinn und Sinnlichkeit. Was für ein Gebäude, in dem wir uns da bewegen, an dem wir weiterbauen können.

Aber nun zu den Geschichten um Jesus. „Was ist Wahrheit?", fragte der Römer Pontius Pilatus den verhafteten Jesus (Johannesevangelium). Er hat keine Antwort erhalten. Genauso erhält man heute bestenfalls ausweichende Antworten, wenn es um Jesus und die historische Substanz der Evangelien geht.

In welcher Wirklichkeit ist die Glaubwürdigkeit des Glaubens verankert? Auf welche Tatsachen beruht die Glaubwürdigkeit dieses Glaubens? Ist er den Köpfen euphorisierter Wanderprediger entsprungen so wie Athene dem Haupt des Zeus. Waren frühe Blumenkinder unterwegs, die ihre Fantasie nicht zügeln konnten und Geister sahen. Die Wissenschaft stößt schnell an ihre Grenzen. Jesus hat nichts gebaut, selbst nichts geschrieben. Nur der römische Historiker Flavius Josephus hat ihn kurz erwähnt. Nur das Neue Testament kann Aufschluss geben. Aber das gilt längst als trügerisches Terrain, was die Echtheit von Jesusworten oder Anhaltspunkte für die historische Wahrheit anbelangt. Verklären die Evangelien mehr als sie berichten, verkünden sie, wo sie bezeugen?

Den vier Evangelien möchte ich ganz bewusst die apokryphen Schriften zur Seite stellen. In den letzten Jahrzehnten hat die Religionswissenschaft Zugang zu mehr als vierzig Evangelien, Briefen und anderen frühchristlichen Texten gewonnen. Sie machen deutlich, dass die Frühzeit des Christentums turbulent war, geprägt von intensiver Reflexion, vom Experimentieren und vom Disput selbst über fundamentale Fragen.

Wieder ein Einschub: Diesen Texten ergeht es oft nicht anders als Tolkien oder Lewis: Sie werden als Bedrohung empfunden. Aber setzen sie sich nicht mit wichtigen und faszinierenden Themen auseinander – dem Wesen Gottes, Sinn und Bedeutung von Jesu Lehre, dem Leiden der Märtyrer und vielem anderen, was Christen bis heute beschäftigt?

Die Evangelien von Jacobus, Petrus, Thomas, Judas oder von Maria Magdalena, wie auch immer wir diese Stimmen bewerten, die Tatsache ihrer Existenz allein bedeutet, dass man die Geschichte des Christentums nicht mehr allein auf die herkömmliche Art und Weise erzählen kann. Die Schriften sind Chance und Herausforderung. Sie gehören zur Stimme des Christentums.

Da existiert ein Hochgebirgsmassiv an Texten mit einem Gewirr von Querverbindungen, Entwicklungssträngen, Deutungsvarianten, Widersprüchen.

Wer sich auf die Suche nach der Wahrheit begibt, ist wahrlich ein Abenteurer. Die Frage nach der historischen Wahrheit trifft den Kern des Christentums. Das Neue Testament ist durchzogen von der Beteuerung der Apostel: Wir waren dabei. Wir haben alles gesehen. Wir können es bezeugen. Das ist wichtig.

Nach eigenem Verständnis der Jünger Jesu steht und fällt die Glaubwürdigkeit ihrer Botschaft mit der Glaubwürdigkeit der Zeugen. Die Wahrheit der Botschaft ist zunächst nur die Wahrheit der Fakten. Der Schreiber des Petrusbriefes sagt: Wir verbreiten hier keine Märchen, wir berichten von Ereignissen. Paulus sagt: Wenn dies nicht wahr wäre, würde ich nicht ständig meinen Kopf hinhalten. Der Anspruch, Mythos und Realität auseinanderhalten zu können, zieht sich durch die Verkündigung. Die frühen Christen wollten die Ereignisse um Jesus als Tatsachen verstanden wissen.

Und aus dem Ganzen ergibt sich ein Jesus, der seit 2000 Jahren fasziniert, weil er Tote aufweckte, über Wasser ging, in den Himmel aufstieg. Er ist in die Synagogen gegangen, hat Besessene, Mondsüchtige und Gelähmte geheilt, er hat blinde Narren, Nattern und Schlangenbrut benannt. Er war alles andere als ein romantischer Träumer. Jesus hat das Bestehende immer kritisch hinterfragt. Er hat sich mit Zuständen nie zufriedengegeben, weder mit weltlichen noch mit religiösen. Klare, eindeutige und einfache Worte hat er zu den Menschen gesprochen. Worte, die sich auf das Wesentliche beschränkten und das Wesentliche nie aus dem Blick verloren. Aber Jesus fällt vor allem dadurch auf, dass er so ganz anders ist als die anderen, dass er quer denkt, dass er dadurch den Menschen neue Lösungen anbietet. Den Menschen hat er in den Blick genommen. Er macht deutlich, dass einem jeden Menschenwürde zukommt.

Das Christentum prägt erst seit 2000 Jahren die abendländische Kultur. Teile Europas und der Britischen Inseln wurden erst vor gut tausend Jahren zum Christentum bekehrt. Von den Göttern unserer Ahnen sind wir noch gar nicht so weit entfernt. Nehmen wir nur unsere Tage- und Monatsbezeichnungen – Janus (Januar), Freia (Freitag), Donar (Donnerstag).

Das Christentum hat früh schon geschickt heidnische Feste und Gebräuche aufgegriffen, besetzt und umgedeutet. Auf heidnischen Kultstätten wurden Kirchen errichtet, heidnische Hausgötter durch Heilige ersetzt. Das Wort „Gott", von althochdeutsch got, das Gottheiten wie Baldur und Donar bezeichnete, bezog sich jetzt auf den christlichen Vater, Sohn und Heiligen Geist. Die Kirche wuchs und eroberte (geistig wie geografisch) heidnisches Territorium für Christus. Die abendländische, so gern „christlich" genannte Kultur ist in Wahrheit ein Gemisch aus Heidentum, Christentum und anderen, jüngeren Philosophien und Denkschulen.

Relikte des Heidnischen sind erhalten geblieben – Ostereier, Mistelzweige, Tagesnamen. Doch kaum ein Mensch würde wohl dem Mistelzweig noch echte magische Kraft oder dem Gott Donar besondere Gewalt über den Donnerstag zuschreiben. Die heidnischen Elemente in unserer Kultur sind nur mehr bloße Geschichtszeugnisse – Erinnerung an unsere unwissende und abergläubische Vergangenheit. Eine von allen heidnischen Bezügen, Namen und Charakteren rein gewaschene Sprache und Literatur kann niemand im Ernst erwarten.

Auch Autoren und natürlich Fantasy-Autoren verwenden als Bausteine ihrer Geschichten solche, die aus dem Heidentum, aus alten überkommenen Kulturen stammen. Sie benutzen sie aber lediglich dazu, um eine Geschichte zu erzählen. Das Wesentliche ist das, was die Geschichte aussagt. So sollte auch zweitausend Jahre später der Christ erkennen, dass er die Götter des Heidentums nicht zu fürchten braucht – geschweige denn literarische Bezugnahmen auf Hexenkunst und Magie. Der Apostel Paulus verweist die Korinther darauf, der Christ wisse ja, „dass es keinen Götzen gibt in der Welt und keinen Gott als den einen" (1 Kor 8,4). Er sagt, man dürfe auf keinen Fall denjenigen verletzen, der ein „schwaches Gewissen" habe und in solchen Dingen empfindlich oder furchtsam reagieren könne. Sprich: Im Zweifel verzichte ich lieber, „damit ich meinen Bruder nicht zu Fall bringe" (8,10–13).

Der gläubige Christ von heute, der in Fantasy-Literatur moralische Aussagen und Sinn findet, braucht genauso wenig seine Gewissensfreiheit und seine literarischen Vorlieben anderen Christen aufzudrängen wie derjenige, der in der fantastischen Literatur eher Humbug oder gar Teufelszeug ausmacht, deswegen dem anderen einen Exorzisten zu schicken braucht.

Paulus scheint damals ein bemerkenswert weltoffener Mann gewesen zu sein. Für einen ehemals strengen und engstirnigen Pharisäer steht er der heidnischen Kultur überraschend aufgeschlossen gegenüber. Seine Schriften sind durchsetzt mit Verweisen auf klassische Literatur und Dichtung. Man kann davon ausgehen, dass er sie gelesen und studiert hat. Diese, wir würden heute sagen, „humanistische" Bildung, konnte er dazu einsetzen, auf hohem Niveau mit Nichtjuden zu reden, etwa in Apostelgeschichte 17 mit den Athener Philosophen.

Ich hoffe, es wird mir nicht als Blasphemie ausgelegt, wenn ich hier nun auf Tolkien zu sprechen komme und (mit Jim Ware, Finding God in the Lord of the Rings) feststelle: „Im tiefsten Kern ist der Herr der

Ringe auch eine Erzählung über die Souveränität Gottes. Des Gottes, der selbst die heimtückischen Ränke des Feindes dazu nutzt, seinen vollkommenen Plan am Ende in Erfüllung gehen zu lassen." Sie alle kennen die Werke Tolkiens. In dem Buch „Gute Drachen sind rar" gibt er Auskunft über seine Leidenschaft des Erfindens. Diese Lust am Erfinden hat einen Raum erzeugt, wie man ihn sonst nur mehr beim barocken Großroman findet.

Der Leser ist erst einmal verwirrt, wenn er aber all die Pfade und Leitlinien eines nahezu labyrinthischen, aber klar durchdachten Systems betritt, beginnt er sich zurechtzufinden. Ich brauche Ihnen nicht den Inhalt seines Herrn der Ringe wiedergeben. Er handelt vom Kampf des Guten mit dem Bösen. Viele Kritiker haben sich über eine abstruse Mythologie ohne zeitgemäßes Ideal, über die skurrilen Hirngespinste eines akademisch verschrobenen Professors lustig gemacht. Sie haben es sich aber auch zu leicht gemacht. Die exotistischen Elemente in seiner Fiktion wurden ihm als Realitätsflucht ausgelegt. Tolkien selbst antwortet, dass es sich weniger um eine Flucht, als um Wiedererlangung einer wahren Perspektive, hervorgerufen durch die Freude über das glückliche Ende, handelt.

Und das glückliche Ende spiegelt in Tolkiens Philosophie den christlichen Erlösungsmythos wieder und ermöglicht so eine Einsicht in eine höhere Realität. Das nahtlose Übergehen vom Greifbaren zum Unbegreifbaren in Tolkiens Phantastik ist eine höhere Realität. „Meine Geschichte sagt über nichts anderes etwas aus, als über sich selbst."

„Müssen denn alle Menschen Menschen sein? Es kann auch ganz andere Wesen als Menschen in menschlicher Gestalt geben", sagt Novalis und rührt damit an die Schwelle des Fantastischen. Befinden wir uns dort nicht alle, bewusst oder unbewusst, wenn wir zumindest in Gedanken die sicheren Gemeinplätze des Alltags überschreiten? Alles, was wir uns ausdenken, ist aus dem Material unserer realistischen Erfahrungen aufgebaut, mag es noch so fantastisch sein. Lassen wir eine Hypothese dort beginnen, wo ein Wahrheitsbeweis nicht mehr angetreten werden kann, so genügt schon eine kleine Verschiebung des Gewohnten ins Ungewohnte, um von der Realität in das Reich der Fantasie zu gelangen.

Viele der Wesen Mittelerdes sind den Menschen sehr ähnlich. Tolkien verwendet geschickt Analogien zu unserer Welt. Er stattet seine Wesen und Dinge oft nur mit einem höheren Bewusstseinsgrad aus. Die uns bekannt erscheinenden Momente sind Bezugspunkte, von denen aus wir eine Brücke vom Realistischen zum Fantastischen schlagen können. Die Heimat der Hobbits gefällt uns spontan.

„Eine wohlgeordnete und wohlbewirtschaftete Gegend war ihr bevorzugter Aufenthalt" heißt es über das Auenland. Kein Paradies, aber ein Fleck, auf dem es sich gut leben lässt. Das Phantastische beginnt jenseits des Auenlands. In uns vertrauter Gestalt begegnen uns die Dinge plötzlich anders, in einer neuen Dimension. Es wird eine Zweitwelt geschaffen, die aber in sich stimmig und logisch ist. Die bösen Wesen wie der Balrog oder die Spinne Shelob gehören ebenso in diese Welt wie der gute Zauberer Gandalf.

Der Kampf der guten gegen die bösen Mächte ist so alt wie unsere Geschichte. Tolkien bildet den Kampf ab. Dass auch in den Ergebnissen unserer Fantasie Gut und Böse gegeneinander stehen, ist die Rückbindung des Fantastischen an die Realität. Würde immer nur das Gute oder das vermeintlich Gute entworfen werden, ohne dass es stets mit den Widerwärtigkeiten des Daseins zu ringen hätte, so entstünden rasch gefährliche Utopien, die dann wirklich verführerisch wären.

Bleiben wir ein wenig im Auenland. Viel Vertrautes wiegt das Ungewohnte, wie die wolligen Füße der Hobbits, ihre Vorliebe für Höhlenwohnungen, rasch auf. Befördert man manches, was einem immer schon verdrossen hat, aus der eigenen Umgebung heraus, so findet man sich gut ein im Auenland. Es kommt auch im Roman vor, dass Menschen, die sich langsam über

Mittelerde verbreiten, wundern über die tatsächliche Existenz von Hobbits, Ents oder Elben. Die man auch in dieser Menschenwelt nur noch aus alten Liedern kennt. Jenseits der behüteten Heimat der Hobbits beginnt die Auseinandersetzung mit dem Fantastischen, dem Mythischen erst eigentlich, in dem Tolkien die Realität erschreckend sichtbar werden lässt.

Gleich zu Beginn betritt eine wunderliche menschliche Gestalt die Bühne. Sie lässt die erste Begegnung der Hobbits mit uralten Mächten glimpflich ablaufen, stellt sich schützend vor die Bedrohten. Wen könnte Tolkien da eingeschleust haben, wenn nicht sich selbst in der Gestalt des Tom Bombadil, der auf die Frage wer er sei, antwortet:

„Wie, was? ... Weißt du meinen Namen nicht? Das ist die einzige Antwort. Sage mir, wer du bist, allein, du selbst und namenlos? Aber du bist jung, und ich bin alt. Der Älteste bin ich. Merkt euch meine Worte, liebe Freunde: Tom war hier vor dem Fluss und vor den Bäumen; Tom erinnert sich an den ersten Regentropfen und die erste Eichel. Er machte Pfade vor den großen Leuten und sah die kleinen Leute kommen. Er war hier vor den Königen und den Gräbern und den Grabunholden. ... Er kannte das Dunkel unter den Sternen, als es noch ohne Schrecken war – ehe der Dunkle Herrscher von außen kam!“

Tom Bombadil, der singend und tanzend den Weg der Gefährten kreuzt, der alles weiß, wer anders könnte es sein als der Erzähler selbst, der Konstrukteur von Mittelerde, der alles erfunden hat, und der die in seinem Kopf gespeicherte Welt Mittelerde dem Leser entstehen lässt. Er strebt Glaubwürdigkeit des Erzählten an. In der Welt, in der es erzählt wird, ist es wahr. Die Phantastik Tolkiens arbeitet mit Dingen und Geschöpfen unserer Erfahrungswelt, stattet sie aber mit einem höheren Bewusstseinsgrad aus, als wir ihnen zubilligen. Er zieht Vergleiche von seiner Zweitwelt zu unserer Welt. In Mittelerde halten Fantasie und Realität sich die Waage.

Unsere Ängste, Sehnsüchte und Hoffnungen bevölkern dieses Mittelerde und zwar in einer solchen Konkretheit, dass wir bereit sind, uns auf das Spiel des Mythenerfinders einzulassen, obwohl wir wissen, dass wir im Land der Fantasie sind. In einem Gespräch mit Clive Staples Lewis hat Tolkien seine Grundüberzeugung als Schriftsteller erläutert: „Es (Mythen) sind keine Lügen ... Du nennst einen Baum Baum ... und du denkst dir nichts weiter bei dem Wort. Aber er war kein Baum, solange ihm nicht jemand diesen Namen gegeben hatte. Du nennst einen Stern Stern und sagst, das ist einfach eine Kugel aus Materie, die sich auf einer berechenbaren Bahn bewegt. Doch das ist nur, wie du es siehst. Indem du die Dinge so benennst und sie beschreibst, erfindest du nur deine eigenen Ausdrücke für sie. Und so wie das Sprechen ein Erfinden in Bezug auf Objekte und Ideen ist, so ist der Mythos ein Erfinden in Bezug auf die Wahrheit. Wir kommen von Gott, und unvermeidlich werden die Mythen, die wir ersinnen, obwohl sie den Irrtum enthalten, zugleich auch einen Funken des wahren Lichts spiegeln, der ewigen Wahrheit, die bei Gott ist. Ja, nur indem er Mythen erschafft, indem er nachschöpferisch wird und Geschichten erfindet, kann der Mensch sich dem Stand der Vollkommenheit nähern, den er vor dem Sündenfall gekannt hat. Unsere Mythen mögen irregeleitet sein, aber sie steuern, wenn auch noch so unsicher, auf den rechten Hafen zu, während der materialistische Fortschritt nur in den Abgrund und zur Eisenkrone des Bösen führt."

Lassen sie mich zurückfinden ins Heute. Glaube kann konfliktfähig halten. Es gibt heute keine einfachen schnellen Lösungen mehr. Da muss man stutzig werden, wenn gerade Christen in den schwierigsten Fragen allzu schnell Ergebnisse vorweisen wollen, nur um für sich im Reinen zu sein. Als Christ muss man widerstreitende Meinungen aushalten können.

Ich möchte ein wenig provozieren: die Institution Kirche. Eine Kirche, die sich immer als Kirche der Sünder bezeichnet (und angesichts vieler Verfehlungen gut daran tut), sie läuft den Herausforderungen des Zeitgeistes hinterher, statt ihm wesentliche Impulse zu vermitteln. Warum meldet sie sich nicht lauter zu Wort angesichts des Epochenwechsels zum digitalen Kapitalismus? Hat die Kirche es nötig, sich bei McKinsey-Managern zur Nachhilfe in Sachen Marketing und Styling einzufinden, nur um den Anschluss an den Markt der Möglichkeiten nicht zu verlieren. Ich setze eins drauf: So sehr ich die Kirche gebraucht habe, um mein Fundament zu gießen, so wenig brauche ich sie heute, um es zu erhalten. Leider. Warum: Trotz der vielen guten und berufenen Priester, die ich kenne und schätze und mit denen ich befreundet bin, sage ich: Die Kirche verschließt sich zu sehr, zieht sich auf Dogmen zurück, geht in die Verteidigungshaltung statt in die Offensive. Und doch können wir feststellen, dass etwas passiert in unserem Land: Das Land von Luther, Marx und Nietzsche ist dabei, den Glauben an die Gottlosigkeit zu verlieren. Das macht doch Hoffnung.

„Er hat mich gesandt, damit ich den Armen eine gute Nachricht bringe, damit ich den Gefangenen die Entlassung verkünde und den Blinden das Augenlicht, damit ich die Zerschlagenen in Freiheit setze und ein Gnadenjahr des Herrn ausrufe." Freiheit, Liebe, Heilung. Schluss mit Ausgrenzung und Unterdrückung, so lese ich dieses Jesus-Programm. Hört auf mit der Unterscheidung in Bessere und Schlechte. Ich bin gekommen, die ewige Ordnung des Alls zu verkünden und die Welt vom Kopf wieder auf die Füße zu stellen. Wenn die Kirche dies aufnimmt, ist sie alles andere als gestrig. Wir sind zur Freiheit berufen. Freiheit im Sinne Jesus, der das Joch von den Menschen nehmen will, die Ausgrenzung und Unterdrückung aufhebt und jeden Einzelnen, egal welcher Herkunft und Begabung, der gleichen Würde und uneingeschränkten Liebe Gottes versichert.

Und wo stehen wir? Ich bin heute wohl auch hier, weil ich Journalist bin, weil ich im öffentlichen Leben stehe – und damit große Verantwortung habe. Ich möchte zu diesem Komplex auch etwas sagen. Den christlichen Glauben und mein Aufwachsen in ihm, mein Dazulernen im Guten wie im Schlechten – auch dank Tolkien und Co – kann ich als Kompass nehmen, zu dem ich Vertrauen habe. Ich arbeite für eine Zeitung, die das Katholische quasi in der Satzung hat. Der Herausgeber (Johann Evangelist Kapfinger), der übrigens über den EOS-Kreis und den frühen Katholizismus promoviert hat, hat als seinen Leitspruch den Satz ausgewählt, recte faciendo, neminem timebo = wenn du recht tust, brauchst du keinen zu fürchten. Das ist als Auftrag gedacht, als Gebot. Leider versagen wir – die Medien – in dieser Hinsicht allzu oft.

Ich frage mich, wo das Wissen um das katholische Erbe geblieben ist. Der christliche Überbau in der

Gesellschaft gleicht einer Ruine. Freilich der Bodensatz ist noch katholisch. Wir sind kein heidnisches Land, es gibt sogar Parteien, die sich christlich nennen. Das europäische Haus ist christlich möbliert. Aber wer genau hinschaut, sieht eine schizophrene Situation. Und das Hinschauen und Benennen wäre das Mindeste, was wir tun können. Wir sind eine Als-ob-Gesellschaft geworden. Wir tun viel zu sehr nur mehr so als ob. Die auf einer christlichen Identität beruhenden Werte gehen an Krücken daher. Die Fassade wird aufrechterhalten, die Substanz dahinter ist weggebrochen.

Die größte deutsche Zeitung kommt auf keiner Titelseite und beinah keiner weiteren ohne Bilder nackter oder gequälter Menschen aus. Es zeugt von wenig Achtung vor der Menschenwürde, jede Grausamkeit in allen Einzelheiten abzubilden, es zeugt von keinem Respekt vor der Menschenwürde, Voyeurismus Vorschub zu leisten. Ergötzen wir uns nicht gerade seit Wochen an jenem schrecklichen Geschehen in Amstetten, einer kleinen Stadt unweit von hier?

Ja, Journalisten entdecken den Bodensatz wieder, die Begriffe der Religion, die ja noch da sind. Leider aber verwenden sie sie viel zu selten aus Überzeugung. Sie arbeiten damit wie mit einem Stilmittel, beschwören so verlogenen Glanz für verquaste Artikel. Religiöse Themen werden selten als Herausforderung begriffen, sondern eher als Müllhalde für Allgemeinplätze. Da wird von Umweltschutz und Klimakatastrophe gesprochen, aber bedrohlicher ist der geistige Müll, der die Zivilisation zu erdrücken droht. Da wird von Terrorismus geredet und kaum einer schützt unsere Kinder vor dem Terror der Pornografie und digitalen Killerspielen.

Was ist über das lange Leiden und Sterben von Johannes Paul II. geschrieben worden. Wir bräuchten nur öfter Carol Wojtyla bemühen: Contradicitur, Einspruch! Gleicht euch nicht der Welt an! Stopp. Stopp der Vergötzung von Macht, Erfolg, Geld, Sex! Stopp der Gleichgültigkeit und Ich-Bezogenheit. Stopp der Ausbeutung der Armen. Stoppt Krieg, Vergewaltigung und Gewalt. Das ist der lebendige Jesus. Einige Kirchenleute wiederholen das schon, aber viel zu wenige und mit zusammengebissenen Zähnen. Und auch zu wenige Medien sprechen es nach. Glaube ist kein Abtauchen ins rein Private, auch wenn es was ganz Persönliches ist. Er hat etwas mit der gewachsenen Kultur und mit der Verantwortung für das Ganze zu tun.

Literatur spiegelt Kultur. Überall in der Literatur und im Film – wo immer eine Geschichte erzählt wird – begegnen wir Gut und Böse. Wir begegnen guten Charakteren und bösen Charakteren. Und vor allem

– lebensnäher – Charakteren, in denen sich beides mischt, die komplex sind, die Konflikte erleben. Als Christ fürchte ich die Götter des Heidentums nicht, und schon gar nicht literarische Bezugnahmen auf Hexenkunst und Magie. Ja ich brauche sie, sie beschreiben wie Gott oder Allah oder Jahwe, wie Buddha und Shiva, wie Yin und Yang, Regengötter und Elfengeister das Leben der Menschen.

Die Ehe von Vernunft und Glauben ist möglich. Bei seiner Antrittsvorlesung 1959 in Bonn hat der junge Josef Ratzinger das Christentum als Tochter der griechischen Philosophie bezeichnet. Am Anfang ist das Wort, der Logos, und nicht der blinde Glaube. Auf der Ebene des Denkens begegnet sich der Mensch. Als Papst hat er fast sechs Jahrzehnte später, im Mai 2006 in Auschwitz gesagt: „Der Gott, dem wir glauben, ist ein Gott der Vernunft – einer Vernunft, die freilich nicht neutrale Mathematik des Alls, sondern eins mit der Liebe, mit dem Guten ist."

Das ist ein erweiterter Vernunft-Begriff, eine Rückbindung der technisch-wissenschaftlichen Rationalität an das Humanum als Gottgleiches. Nur der Glaube, so schreibt Benedikt in seiner ersten Enzyklika. „ermöglicht der Vernunft, ihr eigenes Werk besser zu tun und das ihr Eigene besser zu sehen. Meine sehr verehrten Damen und Herren, man müht sich ein

Leben lang ab zwischen Glauben und Vernunft. Zwischen den Wirklichkeiten findet man den Glauben, man erfindet sich ihn auch immer.

Aber damit möchte ich es bewenden lassen und noch einmal Bernhard von Clairveaux zitieren: „Brüder, erkennt, dass er Gott ist. Doch damit ihr dazu einmal fähig werdet, müsst ihr euch zuerst bemühen zu erkennen, wer ihr selber seid."

Eine Herausforderung zeitlebens. Geschichten und Geschichten erzählen, das hilft.

SCHREIBEND EUROPA BAUEN

Ein Porträt von Manfred Böckl

Er sitzt auf der mit Holz bestapelten Terrasse. Eine von Wind und Regen schon leicht zerschlissene Fahne flattert über seinem Kopf. Ein roter Drache ist darauf dargestellt. In seinem Rücken, rund 200 Meter entfernt, steht ein Maibaum, daneben eine Marienkapelle im Dorf Empertsreut, einer ehemaligen Hofmark zwischen Perlesreut und Ringelai im Landkreis Freyung-Grafenau. Er sieht sehr zufrieden aus, das Haar ist voll, aber grau mittlerweile, ebenso der Bart, die Augen aber blitzen grünblau aus einem verschmitzten Gesicht. Ja, er ist es, jener Arios aus dem Roman „Der Druidenstein". Dort wird eine Waldschneise am Südhang eines mit Eichen, Buchen, Birken und Haseln bewachsenen Berges geschildert. Ein Wildbach rauscht im schmalen zerklüfteten Steinbett zu Tal. Im

Nordwesten ragt eine Felsgruppe auf, in einer Spalte des Granits wurzelt ein mächtiger Buchenstamm.

Unsagbar tiefen, beinahe anderweltlichen Frieden strahlt das Plätzchen aus. Der grauhaarige Barde flüstert zu seiner Tochter Caitlyn: „An diesem von der Göttin gesegneten Platz möchte ich mein irdisches Dasein beschließen."

Arios, das ist Manfred Böckl, Caitlyn, das ist seine Tochter Kathrin. Der Fleck, den er im Prolog des Buches beschreibt, ist identisch mit dem Fleck, auf dem er seit 2008 wohnt, wo sein Haus steht, das er „Dinas Draig Goch" nennt, seine Drachenhöhle. Manfred Böckl, am 2. September 1948 in Landau an der Isar geboren, ist endlich angekommen. Im großen Waldgebirge des Böhmer- und Bayerwaldes, das die Kelten Gabreta nannten, und das Böckl immer wieder, am treffendsten und tiefsten aber im Roman „Sumava" beschrieben hat. Und er ist angekommen bei sich, ganz bei sich. Und dazu musste er einen langen Weg gehen.

Katholisch erzogen, darunter gelitten, Atheist geworden, erkannt, dass das auch kein Weg ist, weil eine Welterklärung fehlt, dann Agnostiker geworden, geistige Freiheit gelernt: „Ich weiß nichts, aber ich erlaube mir jede Frage zu stellen." So kurz könnte man die ersten Lebensjahrzehnte Böckls knapp umreißen. Er studiert nach dem Abitur in Dingolfing einige Jahre querbeet Geschichte, Philosophie, Literatur-

wissenschaften, Psychologie, Theologie an der Universität Regensburg. Er volontiert nebenbei bei der Passauer Neuen Presse, versucht sich zwei Jahre lang als freier Autor in Deggendorf, um schließlich 1973 doch wieder bei der Heimatzeitung zu landen, wo er es aber nur drei Jahre aushält, in denen er heiratet, Vater der Tochter Kathrin wird.

Während er erzählt, geht eine Frau auf dem Nachbargrundstück, drei Steinwürfe weit entfernt, aus dem Haus in den Garten, beginnt ihre Beete zu machen. „Dieses in der Natur arbeiten, das ist für die Zenzi wie Gottesdienst“, sagt er, „das Rauschen des Bachs ist die Musik dazu, hier zu sitzen, zuzuschauen, ein ganz tiefes Danke zu sagen, das ist meine Art zu beten." Er spricht vom Lebenskreislauf, vom Begreifen dessen, dass in jedem Menschen etwas steckt, das nie stirbt. Diese Gelassenheit hat er 1976 noch lange nicht. Die Ehe zerbricht, er versucht sich ein zweites Mal als freier Schriftsteller – und ist es bis heute. Anfangs schreibt er noch unter dem Pseudonym Jean de Laforet Jugendbücher für den Schneider Verlag.

1984 erscheint der erste Böckl-Roman für Erwachsene „Der Meister von Amberg"; 1986 folgt „Das Lied von Haduloha". 1989 beschreibt er in „Die Hexe soll brennen" die Hexenverfolgung der katholischen Kirche im Raum Regensburg/Straubing. Er bringt den Klerus gegen sich auf. Er aber lässt sich weder beirren noch einschüchtern, sondern beginnt erst recht, historische und auch moderne Verbrechen oder humanitäre Irrwege insbesondere der katholischen Kirche ins Bewusstsein der Menschen zu bringen. Wir gehen von der Terrasse ins Haus. Oben am Türstock steht ein Schriftzug mit Kreide geschrieben, nicht der hierzulande übliche Heiligdreikönigsspruch, sondern Keltisches: „Blwydd 1561 ar ôl Myrddyn" – das Jahr 1561 nach Merlin. Drei Pentagramme sind dazugezeichnet.

Böckl, der mehrere Bücher über Merlin geschrieben hat, zuletzt „Merlin. Der Druide von Camelot" (Aufbau Verlag, 2007), setzt das Jahr 450 als das Geburtsjahr des historischen Merlin an, der mit dem Zauberer der Fantasy-Literatur bei Böckl nichts zu tun hat. Böckl skizziert einen walisischen Stammeskönig und Druiden, der den Menschen Hoffnung schenkt durch seine Prophezeiungen, in denen er die Wiedergeburt des keltischen Geistes in ferner Zukunft ankündigt.

Wer dem zum Kelten gewordenen Mann eine solide Feindschaft gegen die Kirche andichtet, macht es sich zu leicht. Er greift in seinen Romanen dort an, wo Mächtige ihre Macht missbrauchen („Die Leibeigenen", 1986; „Agnes Bernauer", 1993; „Der Hexenstein", 1997), wo die geistige Basis eines europäischen Humanismus verleugnet wird. Nicht die heutige „machtlose", sondern die „machtvolle" Kirche vergangener Jahrhunderte stellt er an den Pranger. Drunten im Dorf, die gewachsene Gläubigkeit der erdverbundenen Menschen, die den aus vorchristlicher Zeit stammenden Maibaum neben die Kapelle stellen und drum herum das Miteinander zelebrieren, das gefällt ihm, die Toleranz, die eben nicht sagt: „Wenn du anders denkst, bist du mein Feind."

Er versucht, solche Menschen zu würdigen, die mutig gegen die Ungerechtigkeit der Mächtigen aufbegehrten: „Die Romane ‚Jennerwein', ‚Räuber Heigl' oder mein Matthias-Kneißl-Roman ‚Der Raubschütz von der Schachermühle' gehören zu den Büchern, in denen ich meiner Sympathie für freiheitsliebende Renegaten Ausdruck gebe."

Die bajuwarische Lust zur Rebellion stellt er auch in den Mittelpunkt seines vierten und letzten Räuberromans. „Der Bayerische Hiasl“ soll im Herbst 2012 beim Sutton Verlag erscheinen.

Wir gehen hoch in die Dichterklause, in die Schreibstube, wo auch schon wieder sechs Bücher entstanden sind. Auf einem Regal neben dem Fenster stehen seine Werke, gut 80 Romane und Sachbücher sind es, ganz genau weiß er es gar nicht. Rund eine Million gedruckte Exemplare stehen zu Buche und in ein halbes Dutzend Sprachen sind sie übersetzt.

„Schreiben ist meine Aufgabe in diesem Leben“, sagt er bestimmt. „Schreiben, das ist ein Stück Europa weiterbauen.“

Er sucht sich fünf Bücher aus, mit denen er fotografiert werden will, mit denen wir raus gehen zur in die Felsen hineingewachsenen Buche, zum Bach, der ihm Sinnbild der jungen Göttin ist. „Hasenbrote“ ist eines der Bücher. Der Lichtung Verlag will dieses autobiografische Buch vom Aufwachsen in Niederbayern demnächst neu herausbringen. Er nimmt „Sumava“ mit, die Saga des Böhmerwaldes, die sechshundert Jahre bayerisch-böhmischer Geschichte vom Jahr 1010 bis zum Dreißigjährigen Krieg erzählt und der Aussöhnung zwischen Deutschen und Tschechen dienen soll. Merlin darf nicht fehlen, „Die kleinen Religionen Europas“ und „Der Druidenstein“.

Schließlich gehen wir zu seinem Felsendom und an den Bach, wo er sich im Stile eines Walther von der Vogelweide auf einen Stein setzt und erzählt, wie er zur alteuropäischen keltischen Religion gefunden hat, wie er Britannien und Irland bereist hat und Wales, das er Cymru nennt, wie er selbst zum Kelten geworden ist und Bücher geschrieben hat, in denen er keltische Geschichte darstellt und eine geistige Heimkehr ins keltische Heidentum proklamiert.

Die Begegnung mit dem Keltischen Mitte der 90er Jahre verändert ihn, rettet ihn. Alte Freunde erinnern sich an einen Schriftsteller, der immer wütender in seinen Romanen gegen Intoleranz und Neokapitalismus zu Felde gezogen ist, der vor lauter Enttäuschung über buchstäblich Gott und die Welt geistig und seelisch heimatlos geworden ist, der zum Weltflüchter geworden ist und oft genug im „Fluchttrinken", im maßlosen Konsum von Alkohol, einen Ausweg suchte.

„Keltisch-heidnischer Geist versöhnt mit unserer Mutter Erde und besiegt die brutalen Machtmenschen und Imperialisten! Dies ist eine sehr wichtige Aussage in meinen keltischen Romanen und Sachbüchern, in denen ich über (den historischen) Myrddin/Merlin, über die Icener-Königin Boadicea/Boudicca, über die Avalon-Priesterin und frühchristliche Bischöfin Branwyn/Theodora sowie über die Große oder Dreifache

Göttin unter ihrem kymrischen Namen Ceridwen und das Druidentum geschrieben habe."

Dieses Schreiben, dieses Thema, das Lebensinhalt, das ihm Religion geworden ist, hat ihn gerettet, ihn zu sich selbst geführt. Außer den filterlosen Zigaretten hat er jeder Droge den Rücken gekehrt. Allein dem Schreiben ist er noch verfallen. Wie Tacitus in seiner „Germania" den Römern eine andere Welt näher bringen wollte, will er mit seinem Werk ein Europa bauen, das sich auf föderativer Basis der Toleranz und Humanität verschreibt. Dieses Angebot hätten die Kelten bereits vor 2500 gemacht.

So führt Böckl seine Leser hin zu einem Modell, das vom Machtprinzip abrückt und das Miteinander in das Zentrum stellt. In „Die Bischöfin von Rom" (2002, Aufbau) versucht eine junge Frau eine Brücke zu schlagen zwischen dem uralten Wissen der Druiden und den noch jungen frühchristlichen Gemeinden. In „Der Hund des Culann" (2003, Klett-Cotta) fügt er die Reste des alten keltischen Cuchulainn-Mythos wieder zum Ganzen. In einem neuen Bayerwaldlesebuch des Lichtung Verlages wird er präkeltische Plätze in Oberkreuzberg bei Spiegelau und in Fürstenstein beschreiben. Seinen Dörflern indes hat er unterhalb seiner Drachenhöhle eine Böckl-Leihbücherei eingerichtet, damit sie ihm, den am Druidenstein wiedergeborenen Barden lauschen können.

MEIN GOTT, WIE SCHÖN DIESE STADT IST!

Franz Weismann und Passau

Dem jungen Mann drängt sich Bild um Bild in die Sinne. Er ist ein Flussmensch, ein Wassermensch. Von Linz nach Passau gewechselt, verzaubert ihn wie viele vor ihm und auch nach ihm die exponierte Lage an den drei Flüssen. Die moorschwarze Ilz, das grüne, sandige Alpenwasser des Inn und das lehmdunkle Geschiebe der Donau. Den Mann, der mit offenen Augen seine Welt erschließt, fasziniert das Zusammentreffen dieser Drei. Er sinniert an der „Passauer Riviera" über die Ungerechtigkeit, dem machtvollen Fluss aus dem Engadin hier den Namen zu nehmen. Der Schaiblingsturm am Innkai, Wellenbrecher für die jahrhundertelang anlandenden Innschiffe, in dessen Schatten sich Holzpletten zum Ausruhen sammeln, er gefällt ihm. Schwibbögen, Erker, stuckverzierte Fassaden, Fresken, geschnitzte Holztüren, Sonnenuhren in den engen Gassen. Die alten Bauwerke ziehen ihn in Bann. Auf der gegenüberliegenden Innseite, die Türme der Stadtmauer, hinter der sich altes Handwerk lange hielt, wo die Römer ihr Kastell Boiotro errichteten und der hl. Severin um 460 in einem Klösterchen wirkte. Die Kirche St. Severin, der historische Wehrgraben oder jener Turm, der fast bis an Wasser reicht, da bewegt er sich gern. Von hier aus schaut er auf die Häuser gegenüber, die dicht an dicht das linke Innufer säumen und in denen das wohlhabende Bürgertum von alten Zeiten träumt, in der Orangerie im sogenannten Herbersteinpalais, im Jesuitenschlössl.

Der sportlich wirkende Mann mit seinem tiefschwarzen Bart und Haupthaar kennt die zahlreichen Wege ins Österreichische. Er wandert sie entlang, mit der Familie, mit Freunden, allein. Nach Wernstein und Schärding in eine eindrucksvolle Landschaft, wo die eiskalten, schlammgrauen und oft reißenden Fluten des Inns in grotesken Windungen der Donau zustreben. Er liebt die Einkehr bei Mostbirn und allerlei Knödel. An der Mariensäule in Wernstein lässt es sich gut rüberschauen zur über 1000 Jahre alten Neuburg. Selbst im Winter zieht es ihn hierher. Es sind Winter, in denen sogar der Inn zufriert – an und auf den Flüssen ist er zu jeder Jahreszeit daheim. Dann kann er dort, wo jetzt eine Brücke im Tal hängt, übersetzen, hoch zur Burg steigen und im Schatten des Neuburger Waldes zurück marschieren und bald Passau sehen, das sich wie ein Schiff vor den Betrachter legt. Augenweide der schwimmenden Stadt.

Oder ist der gebürtige Linzer doch der Donau, der „Ister", mehr zugetan? Auf sie fällt sein Blick schließlich jeden Tag. Auf einer Anhöhe am linken Ufer hat er einen Garten, wenige hundert Meter flussabwärts auf der rechten Seite seine Arbeitsstätte. Den Georgsberg ersteigt er gerne. Dort auf der Batterie Linde zwischen Ober- und Niederhaus bietet sich ein einmaliger Panoramablick auf die Stadt und die Flüsse. Die Mauern der Veste als Zeugen des einstigen Kampfes zwischen den Fürstbischöfen und dem selbstbewussten Bürgertum drunten in der Stadt ziehen ihn an.

Unten in der dem Oberhaus vorgelagerten Befestigung Niederhaus, wartet ein Freund auf ihn, ein Augenmensch wie er, allen Sinnen offen: Ferdinand Wagner. Dieser Malerfürst und Vertreter der Romantik schenkt der Stadt 1893 die farbenprächtigen Kolossalfresken im großen Rathaussaal. Auf der Donau tobt das Leben, auch das Leben unseres Freundes. Er mag Schiffe. Er dirigiert sie vor seine Kamera zur Parade aller Typen.

Und selbst der kleinste Fluss ist ihm lieb. Auch an seinem Ufer mag er die Schönheit dieser Gegend erleben. In der Ilzstadt kündet das mittelalterliche Säumertor noch vom hier beginnenden Handelsweg des „Goldenen Steigs“ nach Böhmen. Die Mädchenschule neben dem alten Gemäuer, hinauf bis zum Nonnengut, überall ideale Plätze für die Kamera.

Auf beiden Ufern der Ilz führen Wege nach Hals. Auf der Esplanade vor der Halser Insel lässt sich besonders gut promenieren. Am Pranger am ehemaligen Rathaus von 1510 mussten einst Verurteilte öffentlich Buße tun. Unseren Wanderer lockt die Burgruine, ist er doch auch als „Schlaraffe“ dem Nach-Rittertum verbunden. Die „Edlen von Hals“ haben sich hier um 1100 ansässig gemacht. Die Burgherren sicherten dann jahrhundertelang die alten Handelswege, hinein in den Bayerischen Wald, ins Böhmische.

Als unser Freund durch Hals streift, zieht das Bavariabad so prominente Gäste wie Peter Rosegger oder Franz Lehar an. Letzterer komponiert hier gar seine erste Operette „Wiener Frauen“. Ja, es lässt sich leben hier in dieser Stadt. Das Leben, in es gilt es hineinzugreifen, es gilt es festzuhalten. Sich der Vergänglichkeit bewusst, den Augenblick zu fixieren, im Gedächtnis und später auf Papier und Leinwand, das ist mehr als Hobby, das ist Passion.

Wir reden von Franz Weismann. So könnte er gedacht und geredet haben, wir wissen es nicht. Wenig Worte hat er hinterlassen. Dafür sprechen seine Bilder. Aber einen unendlichen Schatz hat er mit ihnen geschaffen. 17 Jahre ist er alt, als er 1873 als Schiffslotse zur Donaudampfschiffahrtsgesellschaft nach Passau kommt. Es ist eine spannende Zeit. Visionäre haben alle Möglichkeiten. Die Menschen werden Zeugen rasanter Entwicklungen. Die Gesellschaft ist dabei, mobil zu werden. Was auf dampfgetriebenen Schiffen auf den Flüssen transportiert wird, kann auf bis zu den Ufern führenden Gleisen mit Zügen weiter transportiert werden.

An der Donaulände ist ein Hafen entstanden, der vielen Menschen Brot gibt, der beinah wieder an die alten Zeiten erinnert, als die Schifffahrt goldenen Boden für Kaufleute, Händler und Handwerker schuf. Reges Treiben herrscht an der Roßtränke: Wagner, Fasslbinder, Hufschmiede gehen ihrer Arbeit nach. Geschäftiges Treiben auch am Hafen vor der Maxbrücke. Immer wieder rückt Weismann das mächtige Agentiegebäude in den Blick, mit den langen Lagerhallen davor. Warum nur – mag man heute ausrufen – musste es 1970 dem Bau der Schanzlbrücke weichen. Männer schleppen Fässer, Säcke, dirigieren Waggons vor Laderampen. Fest verschnürt sind die Güter auf den Schiffen. Gut verpackt werden erste Fahrzeuge transportiert. Schließlich beginnt auch die

Motorisierung auf vier Rädern damals in der Stadt Fuß zu fassen.

Und eine technische Errungenschaft kommt Franz Weismann zupass: die Fotografie. Eigentlich ist er Maler. Die Schifffahrt gibt ihm Brot. Gutes Brot, schließlich ist er fleißig und dient sich schnell hoch bis zum angesehenen Leiter der Passauer Agentie der DDSG. Aber eigentlich ist er ein Künstler. Schon in Linz entwickelt er seine malerischen Fähigkeiten. Sie lassen ihn zeitlebens nicht los. Er ist – obwohl allen technischen Neuerungen aufgeschlossen – ein Romantiker. Da mag ihn der Historienmaler Ferdinand Wagner (1847–1927) beeinflusst haben, der der Modernisierung und Industrialisierung skeptisch gegenüberstand, der deshalb den „Einzug Kriemhilds in Passau" so romantisierte. Da mag ihm die neugotische Überformung des Rathauses, das 1891 einen Turm in „gothischen Styl" erhielt, gefallen haben, oder auch die Erhöhung der Glockentürme des Doms auf 68 Meter im Jahr 1897, die oktogonalen Aufsätze mit Zwiebelhelmen in Neurenaissance.

Aber anders als Ferdinand Wagner, der 1907 Passau wegen des seiner Meinung nach die Stadt verschandelnden Baues der Hängebrücke die Stadt verlässt, verschließt sich Weismann dem Neuen nicht. Er malt, was nicht mehr ist, was sich verändert. Seine gemalten Bilder vom längst nicht mehr existierenden Ludwigstor mit den beiden Löwen beschwören ebenso eine romantische Stimmung wie der später abgerissene Wehrturm am rechten Innufer. Oder jene Wasserkulisse auf der Donau: Es könnte eine Szene in Venedig sein. Tatsächlich aber schwimmen die Boote vor der St.-Pauls-Kirche. Angesichts solcher Malerei verwundert es nicht, dass ein lange als echter Spitzweg im Oberhaus-Museum lagerndes Gemälde in Wirklichkeit von Franz Weismann stammt. Bevor er aber malt, fotografiert er. Er sieht sich gerne als Künstler, er fotografiert sich mehrmals an der Staffelei sitzend, in manchen Szenen tauchen im Hintergrund an den Wänden seine Gemälde auf. Mit diesen und mit seiner Plattenkamera wurde er zum Chronisten seiner Tage, einer spannenden Zeit.

Weismann nimmt die neue Entwicklung der Fotografie als Hilfsmittel. Er fotografiert, um später nach den Fotos malen zu können. Der fotografische Schuss ist eine beschleunigte Zeichnung, unterworfen der Intuition und künstlerischen Ordnungsprinzipien. Die Fotografie als Verfolgung malerischer Absichten mit anderen Mitteln, da vermischen sich die Gattungen. Die Weismann-Töchter, wandernd auf einem Feldhain im Oberösterreichischen. Wie an der Schnur gezogen, gehen sie eine Linie entlang, mit den Stöcken fixieren sie die Gerade. Jede schaut in eine andere

Richtung, wie aus dem Leben gegriffen, dabei müssen sie in dieser Pose lange stillhalten. Die Regatta vor der Stadtkulisse, Linien, wohin man blickt. Die lang gezogenen Wolken quer über den Zusammenfluss von Inn, Donau und Ilz. Der Mann mit Hund im Vordergrund ist größer als die Domtürme, eine Zille fährt ins Bild. Die Bildkompositionen Weismanns verblüffen. Er überlässt nichts dem Zufall. Dort wo heute die Theologische Hochschule steht, baut er seine Kamera auf. Links begrenzt die Mauer des Pellianums mit einer einen Kontrapunkt setzenden Laterne den Rahmen, rechts das Hauseck des Leopoldinums, hinten Kloster Niedernburg und davor zieht ein Bauer ein Ochsengespann, Mädchen in Schuluniform unterhalten sich. In solchen Bildern entfaltet sich ein Spektrum, das die Welt umschließt: Porträts, Ereignisse, Alltagsszenen, Landschaften. Nebeneinander gelegt stellen diese Bilder ein Album seiner Jahrhundertwende dar. Die Bilder sind so ausdrucksstark, dass sie sich von ihrem Gegenstand zu lösen vermögen. Beim Betrachter entsteht die starke Emotion, dass hier mit großer Genauigkeit die Spur einer Welt kurz vor der Auslöschung bewahrt worden ist.

Eine verschwundene Welt? Nein, sie ist uns noch ganz nah, glaubt man doch sie noch berühren, sich in ihre Protagonisten hineinversetzen zu können, die mit ihren Händen auf dem Feld arbeitenden Bauern, die schwere Lasten schleppenden Schiffsleute, die Familie beim Ausflug an den Flussufern, die in langen Kleidern und Ausgehröcken Schlittschuh laufenden Menschen, Kommunionkinder beim Fronleichnamszug. Der entscheidende Augenblick macht es möglich, das Leben auf frischer Tat zu ertappen. Vielleicht fotografiert Weismann so gern, weil er erkennt, dass er mit Fotos die Welt erforschen und festhalten kann. Vielleicht merkt er später, wenn er nach Fotos malt, dass schon die Fotos über sich hinaus weisen und gleichzeitig eine Meditation darstellen, die fortwirkt. Er legt ein Archiv des Bleibenden an und verschließt sich dem Fluss der Zeit nicht.

Man darf sie 100 Jahre später getrost als die gute alte Zeit bezeichnen. Wenig Lärm, kaum Hektik. Noch war Motorenlärm die Ausnahme. Musik kam nicht aus der Konserve. Die Bilder, die man genoss, waren die, die man sich selbst erschloss. Die Medien, wie wir sie heute kennen, gab es nicht. Das Bürgertum lebte gut in den alten Gemäuern. Weismann zeigt die gut situierten Bürger flanierend, feiernd, fröhlich die Freizeit verbringend, sei es bei einer Wanderung vor der Kulisse der Halser Burg, sich in edlen Spitzen und Hüten vor St. Achatius an der Ilz gruppierend. Am Ufer der Donau, die Männer in ihren noblen Anzügen mit den Frauen posierend, dunkles Bier aus edlen Krügen im Ratskeller trinkend oder bei der Mariensäule in Wernstein im Festtagsgewand auf die Fähre wartend. Weismann findet dank seiner umgänglichen Art Zugang zur bürgerlichen Gesellschaft in Passau. Etwa zur Porzellanfabrikantenfamilie Lenck, in dessen Reihen es Künstler wie ihn gibt, und die in der Innstadt eine international geschätzte Manufaktur aufbaut. 300 Menschen finden hier Arbeit, Rudolf Lenck (1861–1906) gehört der ganze Hammerberg und halb Bairisch Haibach. Er baut für seine Arbeiter eine Kantine am Rosenauer Weg, die später zur Bahnhofsrestauration in der Innstadt wird. Ihm gehört auch die Innseilfähre. Ein anderer Freund wird Anton Niederleuthner (1846–1907), kgl. Oberamtsrichter, dessen Humor Anlass vieler Anekdoten ist. Er ist 1883 maßgeblich an der Gründung des Bayerischen Waldvereins beteiligt und organisiert manches Fest, an dem dann auch Ferdinand Wagner teilnimmt. Immer wieder tauchen die Freunde auf den Bildern auf. Es ist eine gesellige Zeit. Arbeiten und leben, so gut es geht.

Weismann macht Bilder, die nostalgischen Träumen Raum geben, sie sind voller Poesie, Lebensfreude und Humor. Er erkennt in den unspektakulären Augenblicken die wesentlichen archetypischen Geschichten der Menschen. Oft dient ihm seine Familie, sein „Dreimädelhaus“ als Vorbild für Szenen, die Lebensfreude, Geborgenheit, ja Vertrauen ins Dasein ausdrücken. Er hat den Blick für den Menschen. Er porträtiert eine blinde Frau, einen alten Steuermann, er fängt glänzende Kinderaugen ein. Kinderlächeln und Kinderstaunen. Die Welt im Spiegel von Gesichtern, auch das kann er. Er ist ein inszenierender Flaneur, ein beobachtender Komponist. Der Fotograf Weismann ist ein Bilderjäger, dessen Jagdgründe nicht die Träume sind. Sie liegen in der realen Welt. Er ist ein Wirklichkeitsfotograf, ein Gegenwartsfotograf, kein Fantast, aber ein klein wenig Surrealist. Und er ist empfänglich für Zwischentöne, empfindlich für Stimmungen, in der Wahrnehmung auch subtilster Nuancen, er hat die Fähigkeit, sie in seinen Bildern einzufangen. Nennen wir ihn einen Virtuosen der Empfänglichkeit für alle Eindrücke des Lebens. Er beurteilt die Menschen nach ihren Details.

„Ich kann leider auf die großen Ereignisse in ihrem Leben nicht warten, bei denen sie sich ganz enthüllen – ich muss diese Enthüllungen bei den kleinsten Ereignissen bereits vornehmen können. Zum Beispiel bei dem Stockgriff, dem Schirmgriff, den er oder sie sich aussucht. Bei der Krawatte, bei dem Stoff des Kleides, bei dem Hute, bei dem Hund, den er oder sie sich hält, bei tausend unscheinbaren Kleinigkeiten, bis zu dem Manschettenknopf ... Man muss aus Kleinigkeiten eine Symphonie des gewöhnlichen Daseins ertönen lassen! Nicht auf die großen Ereignisse warten. Ein jedes kleinste ist ein großes! Kleinigkeiten im Leben ersetzen uns die großen Ereignisse.“ Diese Sätze Peter Altenbergs lassen sich auf Weismann anwenden. Er ist ein Komponist solch kleiner Symphonien aus dem alltäglichen Leben. Das macht den Wert seiner Bilder für uns Heutige aus. Es entsteht eine versunkene Welt vor unseren Augen. Ein Zeitzeuge lässt eine Stadt auftauchen, die es so heute nicht mehr gibt.

Das 19. Jahrhundert, dessen letzte Jahrzehnte Weismann sehr bewusst miterlebt, verändert das Gesicht der Stadt. Straßen werden begradigt, die donauseitigen Stadtmauern abgerissen. Es ist zu eng geworden. Passau strebt um die Jahrhundertwende die Einwohnerzahl von 20.000 an. Die neue Hafenanlage entsteht und ebenso als echtes kgl. Bayerisches Amtsgebäude das nüchterne klassizistische Zollamt. Das mittelalterliche Bürgtor zum Neumarkt fällt der Spitzhacke zum Opfer, die Befestigungsanlagen werden dem Erdboden gleichgemacht, die Stadt kann sich so über St. Nikola nach Westen hinaus ausbreiten. Seit 1823 überspannt die Maxbrücke die Donau, donauabwärts wird 1869 ein Kettensteg vom Ort zum Anger gelegt, der 1911 durch die befahrbare Hängebrücke ersetzt wird. Über den Inn führt seit 1846 die neue Marienbrücke. Der schmale „Fünferlsteg“ ermöglicht seit 1916 den Flussübergang von St. Nikola zum Innstadtfriedhof.

Weismann erlebt ereignisreiche Jahre. 1860 wird die Bahnlinie nach Landshut und München eröffnet, die obere Innseilfähre in Betrieb genommen. Die Stadt übernimmt 1893 das Theater und renoviert es bis 1895. 1887 kommt Prinzregent Luitpold nach Passau. 1890 wird die Rottalbahn eröffnet, Schlachthaus, Post, Bahnsteg oder Städtisches Winterbad werden gebaut. 1893 wird der Ilzdurchbruch erweitert. Die DDSG baut 1896 ein Lagerhaus. Weismann dokumentiert Stadtgeschichte. Wo etwas abgerissen wird, fotografiert er vorher noch. Und erst recht nachher.

Telefon und Elektrizität halten mehr und mehr Einzug. Als 1897 die Domtürme ausgebaut werden, ist er vor Ort. 1899 kommt ein großes Hochwasser über Passau. Er zeigt die verwüstete Innpromenade, die überfluteten Gassen. In der Höllgasse fließt das Wasser dem Rathaus zu. Auf dessen Turm ragt noch die alte schlanke Spitze empor, die 1938 – seinem Todesjahr – wegen angeblicher Baufälligkeit entfernt wurde. Auch zum Waisenhaus des Lukas Kern (1681–1749) gelangt man nur mehr mit dem Boot, ebenso zum Gasthaus „Zur Blauen Donau“.

Agentiemitarbeiter klettern von der Zille aus eine Leiter hoch, um ihre Arbeitsstätte über ein Fenster betreten zu können. Schlamm und mitgerissene Bäume liegen auf Höhe des Stadttheaters. Ein anderes Foto zeigt, dass der Inn von der Promenade Besitz genommen hat. Die noch heute existierenden Kastanien haben dem Hochwasser damals standgehalten. Nicht standgehalten haben die Häuser um St. Margarethen, einer Insel im Inn vor der Eisenbahnbrücke. Nur Weismanns Bilder erinnern an jenes kleine bebaute Eiland im Inn, dessen schwerbeschädigte Häuser bald nach 1899 abgerissen wurden. Die Insel existiert nicht mehr.

1900 wird der Winterhafen Racklau gebaut. Weismann mag dies mit großem Interesse verfolgt haben. Bis 1903 entsteht die 667 Meter lange Kaimauer, der Damm am rechten Donauufer wurde einen Kilometer lang. 1912 errichtet die Ungarische Fluss- und Seeschiffahrts-AG ein dreistöckiges Lagerhaus. Es folgt der Bayerische Lloyd mit Silogebäuden. Den Freund aller Schiffe treibt es oft in den Winterhafen. Hier muss er sie nicht mit Lotsenzeichen zum Stillhalten auffordern, hier kann er die ankernden Schiffe ablichten. 1902 ist Baubeginn zunächst für die untere Waldbahn Erlau-Hauzenberg.

Der Eisenbahnbau ist eines seiner Lieblingsmotive. Der Bau verändert das Flussufer enorm. Ein Bild ca. aus dem Jahr 1900 zeigt, dass das Ufer vor dem Stadtturm Spiel- und Badeplatz für die Passauer war. Mit Rössern und Schiffen – Holzpletten – wird viel Erde und Gestein bewegt. Tonnenweise wird das Material zur Auffüllung der Ostspitze abtransportiert. Die Flüsse laufen noch unreguliert in die Stadt, die Kraftwerke an Inn und Donau, auch an der Ilz, sind noch nicht errichtet. Sie heben später die Flusspegel um Meter. Weismanns Kamera dokumentiert Uferlandschaften, die später abtauchen. Die Felsen, auf der eine ganze Familie im Inn bei Wernstein fischt, sind heute meterweise unter der Wasseroberfläche. Eine Frau lenkt ihre Zille mit dem Stechruder. Das Wasser der Donau ist noch seicht auf Höhe der Gemeinde Heining. Erst das Kachlet staut später das einst so seichte Donauwasser.

Es überflutet auch das idyllische Gaißatal, die alte steinerne Brücke am linken Donauufer. Bis Vilshofen hoch dürfen die Bäche vorerst noch in den Strom mäandern. Donauabwärts gegenüber Erlau ist das Schneiderschlössl ein gern aufgenommenes Motiv. Alles, was darunter steht, ist heute Geschichte.

Die Kamera dokumentiert auch eine weitgehend waldfreie Hügellandschaft. Vom Schloss Eggendobl aus sieht man die gerade einige Jahre alte Allee an der Schärdinger Straße. Kein Baum verstellt vom Weismannschen Garten auf dem Sturmberg den Blick auf die Altstadt, in der damals der Turm von St. Paul noch höher sein darf als die Domkuppeln. Drei kleine Bäume lediglich stehen vorm Nonnengut über Ilz und Donau, geben den Blick frei auf die innseitigen Hügel. Lauter Wiesen, einzelne Gehöfte, darunter die Innstadt. Auch die Veste Oberhaus ist in Gänze einzusehen. Die Sommerfrischler wandern die baumfreie Ries hoch. 1903 erhält die Maxbrücke einen neuen Bogen, der alte wandert zur Ilzbrücke. Am 22. Oktober 1903 hält Weismann eine Schiffshavarie fest – eine von vielen. Da ist er zur Stelle, wenn gepumpt werden muss, Hindernisse beseitigt werden müssen. Im Hintergrund sieht man die Maxbrücke mit dem neuen Bogen. Längst ist die fürstbischöfliche Stadt im Königreich Bayern angekommen.

Das den Wittelsbachern 1906 gewidmete Brunnendenkmal am Residenzplatz gefällt ihm, symbolisieren doch die drei Putti die drei Flüsse, der mit dem Tirolerhut den Inn, der mit dem Ährenkranz die Donau und der Ilzengel ist perlengeschmückt. Weismann freilich hat Jahre zuvor noch den alten Marien-Brunnen fotografiert und gemalt, eingedenk der Tatsache, dass hier der mittelalterliche Marktplatz lange wirtschaftliches Zentrum der Stadt war.

Mein Gott, was war, was ist diese Stadt schön! Weismann hat seine Jahrzehnte in ihr genossen. Er hat seiner zweiten Heimatstadt ein Gesicht gegeben. Er war ihr Bewunderer, zugleich ein Visionär, der gesehen hat, dass der Fluss der Zeit Mensch und Raum verändert. Damit mag sich ein Bogen schlagen lassen ins Heute. Eine Stadt kann sich nur positiv verändern, wenn sie sich ihrer Geschichte bewusst ist.

DIE ANDERE DREIFALTIGKEIT

Genießen mit Don Bernardo

Also ich muss, wenn ich dieses Don höre, immer zuerst an Don Camillo und Peppone denken. Don Camillo ist ein schlagkräftiger und schlitzohriger Priester in einem fiktiven Dorf in der Poebene in Norditalien, der in ständigem Konflikt mit dem kommunistischen (und ebenfalls schlagkräftigen) Bürgermeister Giuseppe, genannt Peppone, liegt. Beide sind durch ihre gemeinsame Vergangenheit als Partisanen verbunden, konkurrieren um die Lösung der sozialen Fragen ihrer Zeit, setzen dazu aber unterschiedliche Mittel ein und müssen am Ende ihrer Auseinandersetzungen erkennen, dass sie einander näher sind, als sie es wahrhaben wollen.

Nun, unser Don ist in jedem Fall schlagfertig, freilich nicht mit den Fäusten, und er ist zumindest ein wenig schlitzohrig, jedenfalls, wenn es darum geht, all den ihm anvertrauten Menschen, Gott und unseren Glauben, aber auch die Einsicht um die Notwendigkeit von Kunst und Kultur näherzubringen. Insofern gibt es zumindest auch einen fiktiven Peppone, der oder die Gruppe um ihn, die es notwendig hat, mit den Gaben, den geistigen und den handfesten des Don Bernardo gesegnet zu werden.

Bernardo oder Bernhard, dieser Name ist für unseren verehrten Herrn Kirchgessner mehr als nur ein Name. Er schätzt und verbreitet gerne die Botschaft des Bernhard von Clairveaux und hat auch dazu ein Büchlein verfasst:

„Brüder, erkennt, dass er Gott ist. Doch damit ihr dazu einmal fähig werdet, müsst ihr euch zuerst bemühen zu erkennen, wer ihr selber seid." Dieser Satz stammt von Bernhard von Clairvaux. Dieser Herausforderung und der Sinnfrage ist er ständig hinterher. Bernhard war Mystiker und Werbestratege zugleich. Was man so weiß, muss er eine ungemein anziehende Persönlichkeit gewesen sein. Er soll das Leben in vollen Zügen genossen haben, bevor er als Ordensgründer die Askese lebte und zwar so sehr, dass er durch stetes Fasten sich Magenprobleme zuzog.

Wenn der Koch ein Asket ist, hungern die Gäste. Als Koch ist Don Bernardo kein Asket. Stetes Fasten, das hat er dem Ordensgründer dann nicht nachgemacht.

Sein Priestersein, dem er gerne nachkommt, das der Monsignore lebt, ist ihm Askese genug. Und doch hat er Magenprobleme bekommen, dazu gleich.

Wenn ich jetzt an Bernhard Kirchgessner denke, so denke ich an etliche vormittägliche Besuche in seiner Wohnung zum Interview, zum Hintergrundgespräch oder zum Meinungsaustausch. Ich denke an herrliche Kaffeebohnengerüche, an eine Käseplatte, von der eine nicht minder den Speichelfluss anregende Wirkung ausging, ich denke an einen guten Tropfen aus der Weintraubenvielfalt dieser Welt.

Und ich denke an einen die Freuden der Kulinarik zelebrierenden Menschen und vor allem denke ich an eine Wohlfühlatmosphäre inmitten einer Welt voller Grafiken, Bilder und Skulpturen, die stille, aber leuchtende, ja mitteilsame Zeugen oder Beobachter waren. Wenn Sie nun denken, hier wurde gegen die sechste der sieben Todsünden verstoßen, so irren Sie. Genießen gelingt auch mit Maßhalten, dazu braucht es die Völlerei nicht. Dem wahren Genießer ist das Wenige mehr, nur es sollte mit Hingabe zubereitet und genossen werden. Die Dankbarkeit gegenüber dem Schöpfer und seinen Gaben ist immer mit dabei.

Ein kleiner Einschub zu Kirche und Kunst: Spätestens seit dem Pontifikat von Papst Johannes XXIII. (ich erinnere an seinen Dialog mit Giacomo Manzù) und seit der Eröffnung der Sammlung zeitgenössischer

Kunst in den Vatikanischen Museen durch Paul VI. (1973) bemüht sich die Kirche, einen offenen Dialog mit der zeitgenössischen Kunst zu führen. Papst Johannes Paul II. hat dieses Bemühen mit seinen Ansprachen vor den Künstlern in München (1980) und in Wien (1983) und in seinem berühmten Brief an die Künstler (1999) intensiviert, Papst Benedikt, ein großer Freund der Kunst setzt diesen begonnenen Dialogweg fort. „Die Kirche braucht die Kunst", so hat es Johannes Paul formuliert. Bernhard Kirchgessner ergänzt: Die Kunst tut gut daran, die Kirche zu „brauchen". „Das Staunen wecken – wo Kunst und Kirche sich treffen" heißt ein Buch von ihm. Wie leicht lässt sich da ein drittes K-Wort einfügen: „Das Staunen wecken. Wo Kirche, Kunst und Küche sich treffen." Diese drei Ks sind quasi die persönliche Dreifaltigkeit Bernhard Kirchgessners.

Zwei Kochbücher hat Don Bernardo uns schon geschenkt (von seinen anderen theologischen Werken soll hier nicht die Rede sein). Don Bernardos Küche und Entre nous, Kochen mit und für Freunde, da war der Alfons Schuhbeck der katholischen Kirche noch unbelastet von gesundheitlichen Einschränkungen. Da hat er aus dem Vollen seiner keine Köstlichkeit verschmähenden Kochkünste geschöpft. Was dem Maler der Pinsel, dem Bildhauer der Meißel, das ist Don Bernardo die Herdplatte, der Kochlöffel und all die Utensilien, die man braucht zum Kochen. Wahre Zauberstäbe muss er da besitzen.

Dass Bernhard Kirchgessner uns heute so schlank und rank begegnet, hat zwei Gründe: Zum einen ist er nach seinem 50. Geburtstag zum Sportler geworden. Er absolviert auf seinem Heimrad strampelnd so täglich 25 bis 30 Kilometer. Aber auch anderes ließ die Pfunde purzeln. Es hat sich eine alte Salmonellose aus der Studentenzeit aus ihrer Kapsel befreit und eine Lebensmittelallergie hervorgerufen, die eine gluten-, ei- und lactosefreie Ernährung notwendig machte. Von einem auf den anderen Tag. Da sei er dann erst einmal gerudert – nicht wirklich auf Inn oder Donau, sondern innerlich. Er musste sich zurechtfinden. Don Bernardo fand sich zurecht. Und wie er mir versichert, könne er jetzt von den guten Sachen viel mehr essen, da sie kohlehydratfrei und somit weniger „anschlagend“ seien.

Und weil Don Bernardo eben ein Mensch ist, der anderen gerne helfen will, in diesem Fall jenen, die unter ähnlichen gesundheitlichen Problemen leiden, hat er zum „Genießen mit Don Bernardo. 15 Rezepte für alle Wechselfälle des Lebens“ in einer für ihn typischen Weise aufbereitet. Ich weiß nicht, ob Sie, verehrte Zuhörer, wissen, dass die berühmteste deutsche Kochbuchsammlung, jene von Erna und Julius Horn in Passau liegt, im Wilden Mann, Georg Höltl hat sie gekauft. Ich werde Don Bernardos Büchlein dem Sammler und Kunstliebhaber Höltl ans Herz legen.

„Man soll dem Leib etwas Gutes bieten, damit die Seele Lust hat, darin zu wohnen", hat schon Winston Churchill gewusst. Miguel de Cervantes drückte es so aus: „Elend wird vergessen, gibt's nur was zu essen." Und mit „Der Mensch ist, was er isst", beschreibt Ludwig Feuerbach die Zusammenhänge zwischen Ernährung und körperlich-seelischem Wohlbefinden. Das Verlangen des Menschen, sich durch Genuss von Speise und Trank die Befriedigung eines elementaren Verlangens und erhöhte Lebensfreude und Wohlbehagen zu verschaffen, ist so alt wie der Mensch selbst. Essen und Trinken zählen zu den vergänglichen Dingen, die Kunst aber vermag den ephemeren, gehabten Genuss zu konservieren.

In Museen und Kunstsammlungen gibt es immer wieder auch Darstellungen lebenserhaltender Speisen. Und wenn Liebe durch den Magen geht, so vielleicht auch die Liebe zur Kunst. Ich denke, bei Don Bernardo ist es so. Tafelfreude und Alltagsleben gehören zusammen. Heißhunger auf Kunstgenuss gehört dazu. Don Bernardo hat sich aber keine alten Meister zur Illustrierung seiner illustren Rezepte bestellt, sondern junge, frische Könnerinnen und Könner und ein Tableau arrangiert gemäß dem Aphorismus von Jean Anthelme Brillat-Savarin: „Die

Speisetafel ist der einzige Ort, wo man sich niemals während der ersten Stunde langweilt."

Und damit bin ich endlich beim Buch anbelangt, das in jeder Hinsicht eine vergnügliche Sache ist. Das beginnt schon beim Vorwort, aus dem ich nur kurz zitieren möchte: „Genießen. Das kann man/frau lernen! Nicht nur beim Essen. Auch das Geschenk, glauben zu können, ist ein wahrer Genuss. Katholisch zu sein heißt, mit den Gaben der Schöpfung verantwortungsbewusst umzugehen, sie lecker, sowie augenfreundlich an-, nicht hinzurichten."

Die Augenfreude wird großgeschrieben. Die 15 Künstler zwinkern mit den Augen, sie interpretieren die Gerichte Don Bernardos und die Zutaten mit sprühendem Witz, mit Freude an der Metapher, mit viel Hingabe an das Sujet. Lassen Sie mich beginnen mit Konrad Schmid. Der Pockinger Holzschneider setzt in seinem unverkennbaren prägnanten Stil ein Strichmännchen auf den Weg.

Der Fisch wird dem Spargel-Asketen Leib, fast biblisch meint man hier zu sehen: So könnte die wunderbare Brotvermehrung funktioniert haben, zum Brot wurden bekanntlich auch Fische gereicht. Konrad Schmid ist der Einzige, der den Menschen mit abgebildet hat. Bei all den anderen wird das Tier, Gemüse oder Obst zum Objekt.

Beinah menschlich ist das Huhn, das der Niederalteicher Alexander Hintersberger auf dem Teller stehend platziert hat. Das nackte Wesen – kratzt es sich am Kopf oder hält es Ausschau nach demjenigen, dem es sich dann gleich zum Genuss anbietet? Eine fast demütige Geste nimmt da das Perlhuhn des Simbachers Wolfram Schnitzler ein. Es ist noch ungerupft und könnte beim genauen Hinschauen freilich auch den Eindruck erwecken, als würde es sich nur den Teller schnappen wollen, um damit wegzufliegen.

„Gepriesen seist du, Herr, weltweit, durch uns und Perlhuhns Federkleid". Diesen Spruch hat Don Bernardo zum zweiten Perlhuhn-Rezept gestellt, das die Freyungerin Gabi Hanner illustriert hat. Sie lässt das prächtige Federvieh auf dem Teller balancieren. Es rollt davon durch eine Landschaft, die die unsere ist. Allein Messer und Gabel deuten sein Schicksal an. Die Künstlerin will es dem Schicksal entfliehen lassen. Und auch der lombardische Künstler Andrea Cereda präsentiert das Schweinefilet mit italienischen Kräutern frisch und lebendig. Das quietschfidele Schwein lässt Avocado, Zwiebel und Co. auf seinem Rüssel tanzen.

Die Größenverhältnisse kehrt Armando Fettolini aus Vigano bei Mailand um. Seine Kuh kommt aus dem Lande Liliput. Die Kartoffel wohl aus dem Lande Brobdingnag, Gullivers Land der Riesen. Da steht es nun das Rind auf der Kartoffel im Rosmarinregen und tut, was Rinder tun, es glotzt, freundlich der Dinge harrend. „Uns nährt der Herr mit seinen Gaben, an ihnen wollen wir uns laben", meint Don Bernardo dazu. Mario Schosser aus Aukham lässt die Schafe genüsslich auf der Weide grasen. Seine Tiere dürfen leben, müssen nur den Käse geben. Noch einen munteren Gesellen präsentiert ein weiterer lombardischer Künstler. Walter Gatti zeichnet Meister Lampe und das, was er am liebsten frisst, Karotten, Sellerie und Kräuter. Allein, auch dieses Tier wird unter die Haube, sprich den Topfdeckel, kommen.

Fleisch und Fisch sind übrigens, wie könnte es anders sein, christliche Symbole. Die Buchstaben des griechischen Wortes für Fisch (Ichthys) entsprechen Iesos Christos THeoou hYios Soter. Jesus Christus, Gottes Sohn, Heiland, Erlöser. Das Fleisch steht für den Opfertod Jesu. So lässt sich manch beflügelte und andere Opulenz leicht rechtfertigen. Den Ichthys auf den Teller, sprich das Gemüsebett, legt der Frauenauer Mark Angus. Auch hier ist in der Landschaft angerichtet, wenn man so will, die geistige Weite mit einberechnend. Und Georges Autard aus Marseille lässt den Spargel tanzen zu seinen Lachsforellen, Stillleben mit Gemüse.

„Die Gabe Gottes aus dem Meer segne der Schöpfer, unser Herr", meint der Koch, und die Starnberger

Künstlerin Beate Pohlus zeigt anhand ihres Bildes vom Thunfischsteak, dass das Fleisch dieses Fisches wahrlich in seinem Geäder die Wellen des Meeres in sich hat – und den Geschmack auch.

Vier Akteure fehlen noch: Anton Sobral aus Pontevedra bietet ein üppiges spanisches Stillleben zu marinierten Lammkoteletts. Rosemarie Wurm aus Neureichenau erfreut sich und uns mehr mit dem Obst als mit dem Fleisch. Die Künstlerin, sonst in den Klangfarben der Seele malend, hat mit ihrem Zweifachdruck die Formen des Obstes und des Tellers dem Holz abgewonnen und Waltraud Danzig aus Tiefenbach bleibt wie Rosemarie Wurm ihrem Stil treu und lässt die Gnocchi im Geflecht ihrer Linien erahnen. Abstrakt und dennoch tief.

Und last, but not least, denn er ist dem Don Bernardo, nein, nicht sein Peppone, auch wenn er diesem knorrigen, aber herzensguten Grantler schon ein wenig ähnelt, er ist sein Gehilfe, der die Idee des Buches mit hat Wirklichkeit werden lassen. Den Fürstenzeller Hubert Huber kennt man gleich. Ausgerechnet ein Gericht mit Dorade und Spinat hat er zu illustrieren, er der Fleischkater. Nun, er tut es umso deftiger in der Aussage. Denn das Dreieck auf dem Gemüse passt zum Autor und zu dessen Wirken.

Es ist sinnfälliges Symbol in unserer Kultur. Das Auge Gottes, die Heilige Dreifaltigkeit, die weibliche

Scham, Sinnbild für das Leben, die Familie, die Huber hoch schätzt. Das Dreieck auf der Spitze kann für Schamdreieck und Brüste stehen. Andersrum sieht sich der Mann. Es ist, so verstehe ich es, seine Version der kosmischen Botschaft, die Leben symbolisiert und in jedem Fall den absoluten Willen zur Sinnsuche vermittelt. Jenseits des Metaphysischen darf man bei Huber aber nie das Augenzwinkern vergessen. So schließt sich hier der Reigen. Nehmen wir also Hubers Dreieck auch als Sinnbild für Don Bernhardos Dreigestirn Kirche, Kunst und Küche.

Die Augen gehen uns über, das Wasser läuft im Munde zusammen, die Sinne tanzen. In diesem Sinne viel Gusto.

MIT GERECHTER UND BARMHERZIGER HAND

How many roads must a man walk down
Before you call him a man?
Yes, 'n' how many seas must a white dove sail
Before she sleeps in the sand?
Yes, 'n' how many times must the cannon balls fly
Before they're forever banned?
The answer, my friend, is blowin' in the wind,
The answer is blowin' in the wind.

Sie kennen natürlich alle diesen Text, die Lyrik von Bob Dylan. Wie viele Wege muss ein Mensch gehen, bevor du ihn einen Menschen nennst. Diese Frage stellt sich Josef Schneck zeitlebens. Und ihn eint mehr mit diesem Lied und dem Schreiber, als man meinen möchte. 1947 geboren, ist er ein Kind jener

Zeit, der auch ein Bob Dylan entstammt. Nicht dass er so viele Brüche im Leben mitgemacht hätte wie Dylan. Aber die weißen Möwen sind Sinnbild auch für ihn, die Kanonenkugel, ja, warum nur muss sie fliegen? Wie Bob Dylan hat Josef Schneck, ein Kind des Bayerischen Waldes, sich auf Sinnsuche begeben. Er hat die Sehnsucht, das Leben als einen Weg zu sehen, auf dem man nicht planlos herumirrt. Vielmehr soll es ein Weg sein, der zu einem Ziel führt und sich als sinnvoll erweist.

Wie finden wir unseren Weg? Was macht uns glücklich? Wie kommen wir in unsere Mitte? Josef Schneck hat eine gute Antwort: Die Kunst, seiner Hände Arbeit bringt ihn auf den Pilgerweg zu sich selbst. Zeichnen, Malen, Formen, damit bricht er auf zu sich selbst. Das bringt ihn – und das ist das Schöne daran – auch die Betrachter seines Werks – zum Innehalten, zum Ballast abwerfen. Kunst kann eine weise Einladung an jeden sein, sich selbst zu besinnen und neu zu orientieren.

Die Hausherren möchte ich beglückwünschen, sich entschlossen zu haben, diesen Schneck zu zeigen, diese Bilder ausgewählt zu haben, die den ansonst so sanften, stillen, zurückgezogenen Menschen laut werden lassen. Bevor ich zu diesen Bildern komme, möchte ich aber etwas mehr zum Menschen sagen, zu dem, was er noch macht außer dem hier Gezeigten.

Das ist, denke ich, angebracht, er blickt heuer nicht nur auf 65 Lebensjahre zurück, sondern auch auf 25 Jahre freischaffendes Künstlertum. Das ist keine Selbstverständlichkeit. Hier im Waldgebirge, fernab der Großstädte, wo die Talentspäher der Kunst einen wie ihn vermutlich längst erkannt und herausgestellt hätten aus der Masse, arbeitet er seit Jahr und Tag vor sich hin. Letztlich, weil er nicht anders kann, weil er hier daheim ist, weil er hier das studieren kann, was er braucht, um Leinwände zu füllen, den Menschen.

Das Sprichwort vom Nagel, der dort, wo er geschlagen wird, nicht viel gilt, kennen Sie. Auch hierzulande meint mancher, ein Künstler lebt von Luft und schönen Worten. Nein, über ein Lob freut er sich zwar, davon kann er aber nicht abbeißen. Die Wertschätzung der Kunst, das wäre eine große Aufgabe für uns. Aber wie kann eine Gesellschaft, die ihren Kindern das Fach Kunsterziehung aus dem Stundenplan streicht, darauf hoffen, dass die Kreativität eben nicht verkümmert, sondern Basis für selbstbestimmtes Tun wird.

Nun Josef Schneck tut das Seine, er geht in die Schule und arbeitet mit Kindern, lässt sie verborgene Talente entdecken. Er tut es für ein Butterbrot und der Hoffnung willen, vielleicht doch einen Keim zu säen, der aufgehen möge. Sein Tun selbst, da bin ich mir sicher, wird ihn überdauern. Er wird ein Großer des Waldgebirges sein. Wir sollten ihn, jetzt, da er in der Blüte seines Schaffens steht, freilich schon als solchen erkennen.

In eine Hütte wie diese passt Schneck natürlich ganz besonders gut. Nach dem frühen Tod des Vaters musste er, als Bäcker gerade ausgelernt, die elterliche Bäckerei übernehmen. 1970 hat er sie wieder verlassen, um das Handwerk des Glaspressers zu lernen.

Stiel und Boden an Weingläsern anzubringen, befriedigte den seit der Kindheit zeichnenden Schneck letztlich nicht. Die 17 Jahre der Glashüttenarbeit in Riedlhütte aber waren für ihn Semester der Alltagsakademie. Hier hat er ihnen aufs Maul geschaut, ins Gesicht, auf die Hände. Er hat ihre Gesten studiert, ihre Mimik, er hat ihre Körpersprache lesen gelernt. Das ist wichtig, denn was er damit aufgesogen hat, fließt in den Jahren danach bis heute unerschöpflich aus ihm heraus.

Sie kennen den Durandl, den Glashüttengeist. Das ist auch so ein Bob Dylan. Wenn nachts Glas geschmolzen wurde, schaute er dem Schmelzer über die Schulter. Der Durandl war ein armer Geist. Er hatte weder Gold noch Edelsteine. Aber er hatte einen wachen Verstand. Er wurde zum Antreiber, zum Verbesserer, auch zum Mahner. Er schützte und half den Hüttenleuten. Er soll sich freilich zuletzt rar gemacht haben. Ein klein wenig Durandl ist unser Künstler, der zu schätzen weiß, was hier im Bayerwald gewachsen ist und was es zu bewahren gilt.

Künstlersein, so wie Schneck es versteht und lebt, ist hartes Brot. Härteres Brot vielleicht als ein Leben in einer Hütte oder an einem anderen Arbeitsplatz, aber es ist ein erfüllendes Los, denn er genießt die große Freiheit des Denkens und Tuns, die ihm beim Zeichnen, Malen und Formen die Hand führt. Natürlich malt er schön, Landschaft und Szenen der Idylle. Solche Kunst lässt sich verkaufen, das Liebliche. Noch einmal: Diese Ausstellung zeigt den anderen Schneck, den eigentlichen, den es zu entdecken gilt. Seit mittlerweile über 20 Jahren macht er Hausarbeiten. So nennt er ein Prozedere, ohne das er nicht mehr sein könnte. In seinem Atelier stapeln sich Bücher, Bücher voll mit Zeichnungen, eine für jeden Tag seit 1989.

Dieses Tagebuch hat keine Buchstaben und doch ist es eine Chronik nicht nur des Lebens von Josef Schneck, sondern des Geschehens rund um ihn herum. Glauben Sie mir, in diesen Hausaufgabenbüchern zu blättern, ersetzt jedes andere Medium. Da beginnt ein Kopfkino, das die weite Welt genauso umfasst wie das Innenleben eines sensiblen Künstlers, der wie ein Seismograf auf das reagiert, was ihn umgibt, was ihm gefällt, was ihm wehtut, was ihn stört, was ihn vorantreibt.

Dort in diesen Büchern sind quasi die Samen und Keime, aus denen manches große Gewächs, wie wir es heute in der Ausstellung sehen, heraussprießt. Dort sind die Muster für die Hände mit den langen Fingern, die Füße mit den gelenkigen Zehen, die Gesichter, in die sich tief mancher Kummer gefurcht hat. Schneck kann ausgezeichnet zeichnen, er kann jedes Detail eines Gesichts auf Papier bannen und dabei das Wesenhafte der Seele mit darstellen. Solche

Porträts gibt es auch. Noch ausdrucksvoller aber als die fotorealistischen sind jene Porträts von Gesichtslandschaften, von Händen und Füßen, die selbst zu Individuen werden. Da ist Ausdruck pur drinnen, da wird die Überzeichnung zum Charakterträger. Das Brechen der Proportionen, die Verzerrung der Formen, das ist künstlerisches Programm.

Zurück zu Bob Dylan. Sein eingangs zitiertes Lied gilt als Inbegriff des Pazifismus. Bob Dylan hat die Sozialkritik in der Rockmusik durchgesetzt. Josef Schneck hätte ihm vielfach die Plattencover illustrieren können. Denn seine Bilder sind gemalte Sozialkritik, Gesellschaftskritik, Mahnung für den Menschen, der sich selbst vergisst, der sich dem schnöden Mammon hingibt, das goldene Kalb anbetet, dem Zeitgeist hinterherläuft und dabei innere Werte verliert, der lügt, betrügt – andere, am meisten aber sich selbst.

Waldprophetisch entlarvt Josef Schneck eine Gesellschaft, die angeblich so voller Gutmenschen ist und doch so viel Leid zulässt.

Viele Bilder in dieser Ausstellung sind sehr provokativ. Der Künstler hält unserer Zeit, unserer Gesellschaft gnadenlos einen Spiegel vor. Er tut das schon lange, schon lange bevor die Trickser und Täuscher gesellschaftsfähig geworden sind. Er hat seinen Prominenten schon lange Nasen wachsen lassen, bevor die Lügenbarone zu Ministerehren gekommen sind. Er hat den Managern schon Anzüge aus Geldscheinen geschneidert, bevor diese glaubten, sagen zu müssen, dass ihnen Millionengagen zustünden, auch wenn die Bäcker und Friseusen, die Kindergärtnerinnen und die Altenpfleger, die vielen fleißigen Handwerker nur mit einem Bruchteil dessen zufrieden sein müssen. Er hat dem Hochmut schon ein Gesicht gegeben, bevor dieser jetzt staatstragend gar zu Fall gekommen ist. Er hat dem Pinocchio längst den Zapfenstreich geblasen.

How many times must a man look up
Before he can see the sky?
Yes, 'n' how many ears must one man have
Before he can hear people cry?
Yes, 'n' how many deaths will it take till he knows
That too many people have died?
The answer, my friend, is blowin' in the wind,
The answer is blowin' in the wind.

Wie oft müssen wir aufschauen, um den Himmel überhaupt noch zu sehen? Warum sind wir so gehörlos für die Schreie gequälter Kreaturen? Wie viel Leid und Tod braucht es zu sehen, dass zu viele Opfer wurden?

Meine Damen und Herren. Wie es meine Art ist, habe ich meinen Freund Josef Schneck nicht gefragt, ob er Dylan kennt oder schätzt. Er ist der Dylan in uns allen. Er hört die Sehnsucht nach Ruhe, nach Frieden, nach Harmonie. Er liebt und schätzt den Bayerischen Wald, der wächst und stirbt wie eine Kreatur, er kennt die idyllischen Plätze, die es noch und die es nicht mehr gibt. Er sieht nicht nur die Menschen sterben, auch den Wald. Er hat ihn gemalt, ich erwähne es hier nur, diese Bilder sind nicht ausgestellt. Aber er hat ihn in den Blick genommen, wie sonst vielleicht nur ein Josef Fruth, ein Walter Mauder oder ein Reinhold Koeppel.

Dass Josef Schneck ein sinnlicher Mensch ist, sieht man hier schon. Die Skizzenbücher sind voller Erotik. Es vergeht keine Woche, in der nicht ein oder mehrere Akte in die Hausaufgabenbücher eingehen. Er zeigt die ehrliche Nacktheit, nicht jene, wie Hochglanzillustrierte sie stilisieren. Wie diese echte, ehrliche Darstellung des unbekleideten Menschen aussehen kann, sehen sie hier.

Er hat die Technik des Malens auf Kork erfunden. Da kann er deutlich werden. Der braune Kork als Farbträger macht sie sichtbar, jene Nacktheit, hinter der es noch was gibt. Schön im wahren Wortsinn sind sie nicht immer, sind sie eigentlich nie, diese Menschen. Aber gibt es nicht eine Schönheit des Hässlichen? Wer eigentlich definiert Schönheit? Da ist der sich betrachtende Nackte, die sich ganz genügende Nackte, da ist das Paar in inniger Umarmung, aber auch in fragiler, zerbrechlicher Berührung. Berührung, ja, seine Bilder berühren, rühren einen an. Denn nie ist es nur ein Abbild. Der Mensch blickt in einen Spiegel. An der Nacktheit, die Schneck zeichnet, ist nichts Verwerfliches. Erotik ja. Das Leiden daran, das Fühlen darin, die Freude mit und an dem Körper. An dem Körper, der sich verändert, altert, Falten wirft. Werden und Vergehen. Der Kreislauf des Lebens. Ich möchte auch eine Verbindung zwischen den Akten und den zeitkritischen Ölgemälden machen. Auch da, wo die Menschen angezogen sind, wirken sie nackt. Des Kaisers neue Kleider sind unsere Fratzen des Sündenfalls. Haben wir den Durchblick, so blicken wir ins Innere.

Wer Josef Schneck folgt, als blinder Passagier seines Tuns oder als willkommener Gast seiner Arche Noah in Riedlhütte, begibt sich mit ihm auf vielfältige Expeditionen. Dort hausen die Unbehausten, dort versammelt er jene, die zu retten sich lohnt. Eine Expedition führt immer ins Reich der Seele. Da explodiert das Ich. Seine Erkundungen des Selbst sind Erkundungen der Welt. Das Beste im Menschen ist, was man offen aussprechen darf, hat Alexander von Humboldt gesagt. Der Laudator darf alles aussprechen, und er muss weder sich noch dem Künstler dessen Werk erklären. Darum möchte ich von den Gefühlen sprechen, mit denen mich ganz persönlich dieses Werk anrührt.

Schnecks Werk ist immer verbunden mit der Wirklichkeit von Erinnerung und Schmerz. Du malst den eigenen Schmerz und gibst dem deiner Mitmenschen ein Gesicht. Ließe man deine vom Alltagsleid geprägten Gesichter, die knorrigen, langen Finger und Füße der von dir Porträtierten, die Geduckten, die Gebeugten, vor Gram Verzehrten sprechen, sie könnten mit Worten nicht besser ausdrücken, was du in Strichen mitteilst. Da hat er dann doch jene Jahre gebraucht, jene Jahre des Sehens, des Aufnehmens der Bilder geschundener Seelen, die gedrückt von der Last der Arbeit und der Gefühllosigkeit vieler Mitmenschen durch die Landschaft schleichen.

Deine Zeichnungen sind ein Anklangsystem und als solches ein Anklageprogramm. Sie führen auch zu Unsagbarkeiten und Unsäglichkeiten. „Wer Lügen sät“ heißt ein Buch von Paul Friedl. Sowie der Baumsteftenlenz von den Waldlern, von ihrem Wesen, ihrer Lebensart, die auch einer ständigen Wandlung unterworfen ist, geschrieben und gesungen hat, zeichnet Josef Schneck diesen Menschenschlag mit seinen guten und weniger guten Seiten. Er ist kein Depressiver, kein Weltverneiner. Er dreht sich mit der Kugel, auf der wir leben. Nein, er ist ein Sanguiniker, kraftvoll, energiereich, schwungvoll und aktiv. Und er hat Humor und was für einen. Er tarnt sich meist hinter Bescheidenheit und Zurückhaltung und er tarnt sich mit der Lust zum Doppeldeutigen. Aber sein Witz und sein Humor heben ihn heraus aus einer meist im Gleichschritt marschierenden Masse des Komödiantenhaften.

Er nimmt die Realität ernst, aber nicht für das Absolute. Mit Humor bezweifelt die Welt, wer nicht an ihr verzweifeln will. Humor ist ein Trost, aber kein billiger, er ist ein Gottesgeschenk, vielleicht auch ein Gottesbeweis. Wenn er in einem Ölgemälde mit dem Titel „Podiumsdiskussion" fünf Krawattenträger nicht nur auf die Bühne, sondern dort mit heruntergelassenen Hosen auf Kloschüsseln setzt, so spitzt er den Humor zur bösen Ironie zu. Da sitzen sie, zu sagen haben sie nichts, die Luft und mehr kommt am anderen Ende raus. Das mag böse sein, ich sehe es als eine Karikatur, die entlarvt und Sinnbild einer entarteten Gesprächskultur ist.

Sein „Parkplatz für Rentner" führt uns ein anderes Thema überspitzt vor Augen. Da sitzen sie, abgestellt, geparkt vor schöner Landschaftskulisse, für die sie nicht einmal Augen haben. Sie tuscheln und beobachten. Am Gehwägelchen ein Navigationsgerät, aber keine Orientierung, geparkt wie ein Auto minutenweise oder sollte man sagen entsorgt. Auch der Staat ist ein Moloch. Der Bundesadler umarmt Mutter, Vater und Kind.

„Wir wollen auch noch leben", untertitelt Schneck das Bild, in dem das federkrallenbewehrte Sinnbild für den Staat selbst die ohnehin schon leeren Hosentaschen plündert. Es gibt eine Figur von Schneck, die der „innere Schweinehund" heißt. Der Künstler überwindet den sogenannten inneren Schweinehund, gibt ihm ein Gesicht, kehrt das Unten nach Oben, das Innen nach Außen.

Und doch ist Josef Schneck auch ein aufgeklärter Romantiker. In seiner Bilderwelt funkelt es. Lichtspiele durchglänzen sie wie einen Frühlingswald unter der Morgensonne. Skulpturen, die der Ursprung, Freunde oder Hockende heißen, drücken die Sehnsucht nach Geborgenheit ebenso aus wie das Wissen, dass es sie gibt, Freunde, Zuhörer, Aufmerksame. Aber seine Träume sind eben nicht nur von heiterer Tönung. Sie verraten auch Trauer und Angst.

Er nimmt auch Schwere und Dunkelheit auf. Er weiß um Ambivalenzen, darum, dass das Paradies zur Hölle werden kann. Ironie bewandert, unterwandert die Idylle, das Harmonische kippt in subtile Dissonanz.

Die Zauberwelt wird durchzittert vom Zweifel. Dennoch ist Heiterkeit das geheime Ziel vieler Zustände in seinem Werk. Ins Heitere wird das Harte abgewandelt, ins Heitere das Lustige sublimiert, in Heiterkeit manchmal auch der Schmerz aufgelöst. Nichts ist unprätentiöser als Heiterkeit. Und nichts ist anspruchsvoller.

Josef Schneck ist kein Satter, sondern ein Suchender. Als Künstler überwindet er die Schwerkraft. Er hebt die schwerfällige Ordnung und Gesetzlichkeit des Alltags auf. Nicht dass hier ein falscher Eindruck entsteht. Schneck vermeidet als politisches Schlitzohr klassenkämpferisches Gut, das heißt Bösgemeintheiten. Er ist indirekt politisch, indem manche seiner Werke die Gesellschaft mitbedenken, indem sie gesellschaftliche Wirklichkeit und Mangelhaftigkeit spürbar werden lassen.

Kunst, meine sehr verehrten Zuhörer, kommt immer von den Rändern, und es ist der Beruf des Randes, der Mitte zu widersprechen. Bisweilen passiert es dann wundersamerweise, dass sich die Mitte nicht nur verändert, sondern auch verändert. Er spielt mit Perspektiven, mit Standorten, mit springenden Punkten und blinden Flecken. Er ist auch in der Lage, eine Welt zu schaffen, in der man vor der Unwirtlichkeit der Wirklichkeit überwintern kann.

How many years can a mountain exist
Before it's washed to the sea?
Yes, 'n' how many years can some people exist
Before they're allowed to be free?
Yes, 'n' how many times can a man turn his head,
Pretending he just doesn't see?
The answer, my friend, is blowin' in the wind,
The answer is blowin' in the wind.

Ja, wenn wir das wüssten, wie lange ein Berg existiert, bis auch er in das Meer gewaschen wird. Wann wird der Mensch sehend, wann wird er frei? Wir wissen es nicht, wir wissen so vieles nicht. Der Refrain des Textes lautet übersetzt nicht: Die Antwort kennt ganz allein der Wind, sondern: Die Antwort, meint Freund, liegt in der Luft.

Josef Schneck ist ein gläubiger Mensch, er ringt um den Glauben, er ist Gott nahe, er vertraut auf ihn. Obwohl wir hier diese Bilder nicht sehen. Ich muss von ihnen reden. Ebenso oft, wie er Akte zeichnet, zeichnet er den Gekreuzigten. Und das ist kein Widerspruch, ist doch Jesus Christus der Mensch schlechthin. Ein Bild gibt es auch, da scheint Christus eine Vision zu haben – oder der Künstler – Christus zertrümmert das Kreuz, sein Kreuz, an dem er hängen soll. Das Kreuz als Signum, als Zeichen für den Glauben an Gott. Auch das Kreuz steht im Mittelpunkt des

Schneckschen Schaffens. Es ist oft genug das Kreuz, das manche Menschen tragen müssen, das sie sich oft selbst aufbürden, das ihnen andere auflasten.

Schließen möchte ich mit einem Auszug aus einem Brief über die Freundschaft, den ich ihm geschrieben habe und der in einem im Ohetaler Verlag erschienenem Buch zum Baumsteftenlenz-Heimatpreis, den Schneck 2008 erhalten hat, abgedruckt ist:

„Obwohl die Zeitungen heute voll sind mit Bildern und Worten, obwohl die schnellen Medien uns zu- und überschütten, die neue digitale Welt im Cyberspace uns Unendlichkeit vorgaukelt, sind wir ärmer an Worten und Bildern und vergänglicher denn je. Du brauchst keine Tonnen Papier, keine Gigabytes an Speicherplatz. Du bringst die Welt in eine Zeichnung und in einem Tagebuch auch die Bilder zum Laufen. Du machst das mit Herz und Verstand, die deine Hand führen. Weißt du, dass im Hebräischen das Wort „jad" gleichzeitig Hand und Macht bedeutet?

Du zeichnest mit deiner Hand, du zeichnest Hände. Damit zeichnest du ein Symbol, das so vieles auf den Punkt bringt. Mit der Hand kann man eingreifen. Nach der kabbalistischen Tradition ist die Linke die Hand der Gerechtigkeit und die Rechte die Hand der Barmherzigkeit. Deine Hand ist machtvoll. Du missbrauchst sie aber nicht. ... Du siehst das Unrecht dieser Zeit, du siehst, was der Mensch sich und anderen zufügt. Du leidest darunter, deswegen malst du grellbunte Bilder von den Gaffern, den Neidhammeln, den Raffsüchtigen, den Betrügern, den Lügnern. Aber du malst mit der rechten Hand der Barmherzigkeit. Aufschreien mögen die Menschen, die du malst. Du glaubst an das Gute im Menschen.“ Dafür sollten wir dir danken.

WAS IST HEIMAT?

Statt eines Nachwortes

Das Gestänge des Ziehbrunnens zeichnet sich wie ein schiefes Kreuz in den Horizont. Im Spiel mit den Augenlidern verschmelzen Himmel und Erde. Was für eine Weite, was für eine Luft. Dabei ist so nah am Boden auch der kotige Geruch allerlei Viehs in der Luft. Doch es stört nicht, direkt an der Erde und so geöffnet, riecht es geradezu himmlisch.

Was habe ich nicht an Neuem, Unerwartetem erlebt diese Tage. Ich liege auf Heimatboden, auf Heimatboden, von dem ich lange nichts wusste. Es war nur ein Wort im Pass meines Vaters, das ich kannte und doch nicht kannte. Györsevenyhaz, sein Geburtsort, unweit dessen ich inmitten von Kühen, Ochsen, Enten, einem zotteligen schwarzen Hund auf einer Weide liege, die so weit reicht, wie mein Auge erfassen kann. Die ungarische Tiefebene, die Puszta, Land der Magyaren, und auch meines? Wenige Meter neben mir fließt träge die aus dem österreichischen Burgenland kommende Rabnitz, voll mit Fischen soll sie sein. Was würde es den geübten Donaufischer reizen, hier die Angel auszuwerfen. Doch auch dieses Abenteuer hält Györsevenyhaz noch für mich bereit. Györsevenyhaz, das ist das Zauberwort wenige Tage zuvor dort, wo die eine Welt endet und eine andere beginnt.

In Hegyeshalom, wo es Stunde um Stunde auszuharren heißt, und wir auch schon ungeduldig werden, als plötzlich ein junger Mann, das Maschinengewehr lässig im Arm, auf unser Auto zuschlendert, uns bedeutet, das Fenster runterzukurbeln. Er sagt Unverständliches, will wohl die Pässe sehen, denn diese reicht ihm mein Vater rasch hinaus.

Der Grenzsoldat blickt in das Dokument meines Vaters, blickt, wie es scheint, erstaunt auf, und schreitet zügigeren Schrittes als zuvor zu jener Kabine, in der seine Kollegen die Pässe sammeln, überprüfen, weitergeben. Was für ein Brimbamborium, um endlich ein Visum, eine Einreisegenehmigung nach Ungarn zu bekommen. Ein älterer Kollege nimmt den aufgeschlagenen Pass meines Vaters, sieht hinein und verlässt seinen Platz.

Als er auf uns zugeht, wird mir und meinem Bruder angst und bang. Der Grenzer spricht und ein Wunder geschieht, so scheint es uns zumindest. Mein Vater antwortet in derselben Sprache, flüssig, ohne zu stocken. Was sind das für As und Ös, für Tsch-Laute, ungehört aus Vaters Mund. Noch nie haben wir unseren Vater diese Sprache sprechen hören, ja, wir wussten gar nicht, dass er das kann: Ungarisch. Das zuvor so strenge Gesicht des Beamten geht in die Breite. Er lächelt, ja er strahlt regelrecht.

Er stellt weiter Fragen, die wir nicht verstehen. Doch das klingt eigentlich gar nicht unfreundlich. Er zeigt mit den Fingern auf einen Seitenstreifen und lotst meinen Vater dorthin. Kommt nun doch der Schrecken des Kommunismus über uns, sollen wir im Sommer 1972 verhaftet werden. Weit gefehlt. Es geht alles so schnell, dass wir gar nicht mitkommen. Der Mann ist kurz weg, nach wenigen Minuten kommt er zurück, redet noch ein Weilchen mit meinem Vater. Und dann können wir ungehindert von Kontrollen weiterfahren, einreisen in die Heimat des Vaters.

Und nun erst erzählt der Vater, was wir nicht verstanden haben. Der ältere Grenzbeamte, ein wohl schon ranghöherer Grenzer, stammt aus jenem Györsevenyhaz, aus dem Ort, den mein Vater als Geburtsort im Pass stehen hat. Er kennt das Grab mit dem Namen unserer Familie auf dem Friedhof, er kennt die

Dagebliebenen, weiß von den Fortgegangenen. Wir als Kinder wissen das alles nicht. Noch nicht.

Der Himmel ist das Dach. Da liege ich nun und reflektiere, was ich diese Tage seither erlebt habe. Männer und Frauen, mehr alte als junge, aber auch solche und vor allem auch sehr hübsche, was ich als in die Pubertät startender Bub gerne registriere, überdecken uns bei unserer Ankunft mit Küssen. Was wir daheim erst Jahrzehnte später als gesellschaftliche Gepflogenheit übernehmen sollten, ist hier gang und gäbe. Küsschen rechts, Küsschen links und ein lautes Begrüßungsgeschrei, begleitet von wildem Armeschlagen. Und ich als „kisfiu Bischti" ersticke fast vor soviel Umarmung und Abgebussele. Kleiner Stefan, Bischti, die Kurzform von Istvan, ist seit Tagen mein Name.

Und nun atme ich diese Luft, die so unfrei sein soll. Dabei fehlt es an nichts. Ja, sicher, die Toilette ist nicht im Haus, sondern hinten im Garten, und sie ist ein Plumpsklo und in der Sommerhitze stinkt es dort gotterbärmlich. Die Fliegen feiern fröhliche Feste – nichts für feine Pinkel. Aber ein Abenteuer ist es allemal. Aber sonst schwelgen wir in Köstlichkeiten. Gebackene Hendln, in Knoblauchsoße getunkte Fleischstücke, Gulasch mit Sauerkraut und Paprika drin und erst die Süßspeisen, voll mit Honig und Nüssen, Mohn und Marmelade, Schlaraffenland pur. Der Gulaschkommunismus, das ist er also. Da richten sich die einfachen Menschen ein, indem sie vieles zum täglichen Leben Notwendige sich selbst erzeugen. Schwein, Hühner, Enten und Gänse hinten im Stallanbau, vielerlei Arten von Gemüse im Garten. Schnaps und Wein sowieso in Eigenregie. Und wenn dann Gäste da sind, wird gefeiert.

Ein anderer, ein großer Bischta – die wenigen noch hier lebenden Deutschen nennen ihn Steffl – hat mich zusammen mit anderen Buben am frühen Morgen abgeholt und mitgenommen in die Tiefebene, hinaus in die Dämmerung hinter dem Dorf. Er ist ein Jagdaufseher und Herr über die Tiefebene. Ein Spektakel ist angesagt, eine Treibjagd. Und da wird mehr Deutsch als Ungarisch gesprochen, etliche Herren aus dem nahen Wien sind unter den Jägern.

Wir sind plötzlich die ungarischen Lausbuben, die lärmend voranziehen und das Wild aufschrecken. Für mich ist es ein unglaubliches Spektakel, das Stunden andauert und viel zu schnell wieder vorbei ist. Vorbei ist aber nicht mein Gefühl für diese Erde, mit der ich gerade eins werde. Ich weiß nun, was mein Vater meinte, als er uns seine Abenteuer als Hüterbub erzählte, wie er Kühe, Enten und Gänse hütend seine Kindheit verbrachte.

Was sind schon die paar Jahrzehnte, die seitdem vergangen sind. Als er so alt wie ich war in jenem Sommer, da war er schon nicht mehr hier, da war die Idylle weggebrochen, jäh und mit voller Wucht. Doch das sollte ich erst Jahre später erfahren. Und heute, da meine Erinnerungen zurückkehren zu jenem ersten Besuch Ungarns, dem von nun an fast jährlich viele weitere folgen sollten, weiß ich – nicht alles – aber doch noch viel mehr.

Mein Vater ist neun Jahre alt, als die Weltgeschichte über ihn hereinbricht. Er ist in dieser deutschen Enklave aufgewachsen. Plankenhausen nennt sich das Dorf. Rund 1300 Menschen leben hier, über 900 sprechen deutsch, nennen sich Deutsche. Daheim wird Deutsch gesprochen, ein unglaublich schöner Dialekt, den ich noch heute im Ohr habe, hat ihn doch die Großmutter bis zu ihrem Tod 2002 nie abgelegt. Ein bayerisches Idiom, sehr nahe am steirischen wohl, denn von dort waren die Vorfahren aufgebrochen hinüber ins Ungarische, um sich hier anzusiedeln.

Ungarisch lernt der Bub auf der Straße, einige seiner Spielgefährten haben einen ungarischen Elternteil, die meisten freilich gehören zur deutschen Minderheit, die hier in der Überzahl ist, sie hegen und pflegen ihre Sprache. Auch in der Schule wird seit wenigen Jahren wieder Deutsch unterrichtet.

Das Deutschtum hat schnell Oberwasser bekommen mit dem Aufstieg der Nationalsozialisten, mit seinem Siegeszug durch Europa. Und von einem Tag auf den anderen soll es damit vorbei sein. Der Bub versteht nicht, warum er Hals über Kopf das Dorf verlassen soll. Alle Deutschen müssen raus, hört er. Mitnehmen dürfen sie nur, was sie tragen können. Der Vater ist nicht da, der dient seit dem Sommer 1944 der Deutschen Wehrmacht irgendwo im Osten, er weiß nicht wo, weiß es noch nicht.

Direkt vom Feld haben sie ihn geholt, den schon 43-Jährigen, und nicht lange gefackelt, ihn einfach in eine SS-Uniform gesteckt. Die Mutter muss mit dem Sohn und der nur zwei Jahre älteren Schwester das vom Vater eigenhändig erbaute Haus verlassen, alles zurücklassen, das Kleinvieh, die Möbel, manchen Spielkameraden.

Mein Vater erzählt lange nichts über diese Vertreibung. Er erzählt immer eine andere Geschichte, die sich wenige Monate davor abgespielt haben muss. Der kleine Bischti ist auf der Dorfstraße daheim, er spielt mit den anderen Buben, all das, was Kinder so machen. Da marschieren Kolonnen von Menschen durch das Dorf, gebückt, gebeugt, zerschlagen. Männer in Uniformen und bewaffnet treiben die Karawane an, stoßen die Dahintrottenden, schlagen auf sie ein.

Die Uniformierten sehen die Kinder, fordern sie auf, Steine auf die sich hinschleppenden Männer, Frauen und Kinder zu werfen. Wer einen Stein wirft oder ein Holzscheit, irgendwas, bekommt einen Schatz. Das ist in jenen Tagen eine kurze Hose. Mein Vater bekommt eine. Der Stolz des Besitzes wird ihm zur Last seines Lebens. Er begreift erst später, welch ein Todesmarsch da unterwegs war, dass es ungarische Juden waren, zusammengetrieben und in die Stadt geführt, wo für sie die Reise ohne Wiederkehr begann. Der Neunjährige weiß nichts von Auschwitz, von Treblinka oder Sobibor. Er weiß auch nichts von Groß-Rosen. Das wird er erst später erfahren.

Ich selbst höre erstmals in jenen Tagen des Sommers 1972 von „Juden", ich wusste bislang nur von den Juden der Bibel, von Juden und Christen wusste ich nur scheinbar Marginales, der Holocaust als Begriff und schon gar als Realität war noch nicht in meinem Bewusstsein. Aber ich erinnere mich an jene Beklommenheit, als wir 1972 auch Budapest besuchten und dort in einer alten Villa schliefen, die einer Schwester meines Großvaters gehörte. Jetzt gehörte. Früher soll sie Eigentum von Juden gewesen sein. Die Erwachsenen tuschelten darüber. Bei uns Kindern entstand Furcht. Juden, was müssen das für üble Menschen gewesen sein, dass nur hinter vorgehaltener Hand darüber geredet wurde.

Uns wurde das Haus zum Gespensterhaus, zum Spukhaus. Die alten muffigen Vorhänge, die hohen Wände mit vielen Wandteppichen, die was zu verbergen schienen, das undefinierbare Gelände hinter dem Haus mit alten Steinen und verrostetem Gerät, uns graute davor. Wie anders war es hier, wie viel lieber wären wir durch die staubigen Straßen des Vaterdorfes getobt. Wir waren froh, nach zwei Nächten dieses gruselige Haus wieder verlassen zu können, vergessen konnte ich diese seltsame Atmosphäre in dem Haus bis heute nicht. War es ein Haus einer jüdischen Kaufmannsfamilie, war es gar mehr, eine Art Bethaus oder eine Synagoge gar.

Damals wusste ich es nicht, ahnte es aber instinktiv. Sehr viel später bin ich der unangenehmen Erinnerung nachgegangen. Es war eine Synagoge. Heute ist sie es wieder, eine von 13 in Budapest. 600 000 ungarische Juden haben im Holocaust ihr Leben verloren. Waren auch Menschen, die hier gebetet haben, dabei, als sie Pfeilkreuzler durch Györsevenyhaz getrieben haben? Mit großer Wahrscheinlichkeit.

Das Schicksal knüpft oft seltsame Verbindungen. Als ich 1996 in Israel bin, Jerusalem und Yad Vashem besuche, lerne ich einen Mann namens Yitzak Steiner kennen. Von der Straße der Gerechten kommend, wo wir der Gedenkfeier für einen Wehrmachtsoffizier beiwohnten, der im polnischen Przemysl vielen Juden das Leben rettete und deshalb geehrt wird, sind wir bei der Familie Steiner eingeladen. Eine für mich neue Welt, ein erstes koscheres Essen.

Ich staune und höre die Geschichte dieses Mannes, der in Bratislava gelebt hat, eine große Bibliothek sein eigen nannte, bis auch über ihn und seine Familie das Unheil kam. Er, als einer von wenigen seiner Sippe überlebte. Er fragt mich nach meiner Herkunft. Ich erzähle vom Land der Väter, dem Heimatdorf des Vaters. Da blitzen seine müden Augen.

„Da habe ich was für Sie."

Er geht zum Schrank neben dem Bücherregal, holt ein kleines Buch heraus. Er ist ein ungarischer Jude, Bratislava war auch ungarisch, noch heute lebt eine nicht kleine ungarische Minderheit dort. Er blättert in dem Geheft, legt den Finger auf eine Passage und sagt: „Hier steht die Geschichte des Dorfes Györsevenyhaz niedergeschrieben. Auch meine Vorfahren lebten in diesem Dorf."

Wir sehen uns in die Augen, sagen nichts mehr. Wir leben in dieser einen Welt, die uns alle gehört. Wer ein Leben vernichtet, vernichtet eine ganze Welt, sagt ein altes jüdisches Sprichwort. Steiners Welt gibt es, auch meine. Und viele gibt es nicht mehr. Zu viele.

Die Fäden, die uns mit dem Judentum in Berührung bringen, sind damit noch nicht alle ausgelegt. Die Mutter meines Vaters, meine Großmutter, die uns bis ins Jahr 2002 bei wachem Verstand begleiten sollte, war als junge Frau in einem jüdischen Haushalt in der Stadt Raab, in jener alten pannonischen Stadt, in der die Raab in die Donau mündet und auch die Rabnitz. Sie hat über dieses Kapitel wenig gesprochen. Nur als es um ein Überprüfen ihres Rentenanspruchs ging und sie nicht über die Zeit vor ihrer Verehelichung, also die Jahre vor 1932, reden wollte, begannen wir die wenigen Fakten, die mein Vater wusste, die der Großvater erzählt hatte, zusammenzufügen.

Auch die jüdische Familie, bei der sie einige Jahre in Dienst stand, ging ins Gas. Die Großmutter beantragte nie eine Rente, obwohl sich Unterlagen hätten beschaffen lassen. Es war wohl ihre Art Buße für eine Schuld, die nur das Kollektiv traf, nicht die Einzelne.

Zurück in den März 1945. Mit dem, was eine Frau und zwei Kinder tragen können, geht es zur Donau. Fast ein ganzes Dorf – bleiben dürfen nur diejenigen, die mit einem Ungarn oder einer Ungarin verheiratet sind – wird auf Schiffe verfrachtet. Drei große Kähne stampfen stromaufwärts, deutschlandwärts. Noch ist der Krieg nicht zu Ende, nur in Ungarn schon, da schicken Stalins Getreue jene Hitlers auf den Weg, raus aus dem Land, das so lange Heimat war.

Der Krieg empfängt sie schnell. Er kommt aus der Luft. Aus Fliegern heraus wird das Schiff beschossen. An Passau fahren sie erst vorbei. Doch in Straubing stehen die Amerikaner. Das Schiff wendet, fährt zurück. In Schalding am rechten Donauufer, einem kleinen Ort, dort wo heute ein Hafen die deutsche Donau mit der europäischen verbindet, werden sie buchstäblich vom Schiff geschossen.

Eigentlich hätte es weiter hinein ins Deutsche Reich gehen sollen, nun aber beschließen etliche Familien hierzubleiben, wo der Dialekt so vertraut ist. Nichts bringt sie mehr auf das Schiff. Sie sind in Passau, wo die selige Gisela begraben liegt, die Frau des ersten christlichen Ungarnkönigs Stephan. Ein bisschen Ungarn auch hier also.

Hier bleibt die Mutter mit ihrem kleinen Stefan und mit ihrer Tochter. Sie werden etwas außerhalb der Stadt gebracht. Hoch über dem Donautal liegt ein Bauernhof. Er und die paar umliegenden Gehöfte nennen sich Einöd. Trefflich, aber jetzt, da der Krieg aus ist, die Amerikaner das Sagen haben, ist die Einöde das Paradies. Auch wenn es das ganz und gar nicht ist.

Die Familie lebt im Stall, inmitten des Viehs. Aber sie hat zu essen, sie hat warme Kleidung. Die Kinder haben den Wald vor der Nase und die Donau erinnert sie an daheim und wird auch hier zum Spielplatz.

Dass er der „Flüchtling" ist, stört den Buben anfangs wenig. Dass er nicht mehr besitzt, als er am Leib trägt, auch nicht. Er ist der Hölle entkommen. Nur das zählt.

Ein anderer ist noch mittendrin in der Hölle. Der Vater. Der Vater hat den Ruf des böhmischen Gefreiten vernommen. Als er die Volksdeutschen zu den Waffen gerufen hat, hat er, der in Ungarn als Deutscher oft nur als zweitklassiger Mensch Behandelte sich in sein Schicksal gefügt, Frau und Kinder zurückgelassen und den Uniformrock übergestreift.

Die Frau und die Kinder hören wenig von ihm, in den Wirren der Vertreibung ist die Verbindung ganz abgerissen. Dabei ist er ihnen im Frühsommer 1945 ganz nah. Doch das weiß weder der Vater noch seine Familie. Er sitzt in einem Lager in Tittling, wird von dort entlassen, macht sich auf den Weg nach Ungarn.

Doch was war davor. Es bleibt vieles im Dunkeln. Hitler hat die Volksdeutschen zuhauf in die SS eingegliedert. Er zählt auf sie. Der Maurer aus Ungarn weiß anfangs nicht, was die SS ist. Er landet in einem Lager. Es heißt Groß-Rosen. Es ist ein Konzentrationslager der deutschen Nationalsozialisten in Niederschlesien im heutigen Polen. Zwischen 1940 und 1945 sind hier 130 000 Menschen inhaftiert, 40.000 davon werden ermordet.

Der Janos, der Johann aus Ungarn, hält es kaum aus. Er tut seinen Dienst im Arbeitserziehungslager, das die Gestapo aus Breslau 1943 eingerichtet hat. Aber er weiß von den Steinbrüchen, wo Granitabbau abgebaut wird. Er weiß vom Arbeitslager, das sich aus vier großen und zwölf kleineren Lagern zusammensetzte und von der Organisation Todt verwaltet wurde. Und der Tod wird auch sein täglicher Begleiter. Er quält sich durch die wenigen Monate seines Dienstes hier.

Nie wird er später davon reden. Er schweigt und nimmt all das, was er erlebt hat, 1977 mit ins Grab. Was die Frau und die Kinder wissen, reicht nur für eine Erzählung, der die Fiktion die Feder führt. Anfang 1945 soll die SS das Lager räumen, die Gefangenen deportieren oder auf Todesmärsche schicken. Ist der Großvater in einem solchen?

Er befindet sich nahe an der Eisenbahnstrecke von Jauer nach Striegau. Die Russen sind nur noch wenige Kilometer entfernt. Das große Flüchten beginnt. Gefangene werden erschossen. Er kann das nicht, er hat all die Monate keine Waffe in die Hand genommen, er beginnt mit seinem Kollegen zu streiten. Es kommt zu einem Handgemenge. Ein Schuss löst sich. Hat er ihn erschossen? Kann sein, kann nicht. Hat er zu den abgemagerten Lagergestalten gesagt, dass sie das Weite suchen sollen?

Es wäre schön, stimmte diese Version. Später wird er auf einem langen Fußmarsch ein Dokument eines russischen Offiziers vorzeigen können, das ihm freie Passage ermöglicht. Doch zuerst geht die Flucht nach Norwegen. Dabei ist er zunächst nur etwa 400 Kilometer von Deutschland entfernt. Über Prag könnte er nach Bayern kommen. Über den Böhmerwald. So wie er im Jahr zuvor von Ungarn aus in den Osten fuhr.

Doch Norwegen ist nur ein Name. Der Krieg ist längst verloren an allen Fronten. Er flieht. Es steigt auf einen LKW und fährt nach Deutschland. Das Dokument schützt ihn. Irgendwann läuft er den Amerikanern in die Arme. Das ist sein Glück. Der nicht mehr ganz junge Mann landet im Gefangenenlager in Tittling. Er trägt längst keine SS-Uniform mehr. Er kann glaubhaft machen, dass er erst spät in den Krieg musste, Frau und Kinder in Ungarn hat.

Nach Tagen schon wird er entlassen. Er macht sich auf den Weg in die Heimat, zu Fuß, was sonst. Er geht über Passau ins Österreichische hinein, weiß, dass die Donau ihn heimführt. Er arbeitet bei Bauern für das tägliche Brot, ein paar Tage, zieht dann weiter. Fast ein Vierteljahr ist er unterwegs, bis er in Györsevenyhaz eintrifft. Doch dort ist er unerwünscht. All seine Verwandten sind weg, nach Bayern, nach Hessen heißt es. Der Bruder, die Frau, die Kinder, irgendwo in Deutschland.

1946 werden noch einmal 86 Familien „vertrieben", über 500 Menschen gehen nach Österreich, Deutschland oder in die USA.

Immerhin 1945 trifft er im Dorf auf vier seiner Cousinen. Sie durften bleiben, weil sie mit Ungarn verheiratet sind. Sie beherbergen ihn kurz, bevor er wieder aufbricht ins Ungewisse zurück nach Westen, irgendwie durch Österreich durch. Es wird Herbst, er geht und geht, verdingt sich, wo er kann. Er ist gelernter Maurer, hat als Stallknecht gearbeitet. Da kann er sich durchschlagen. Gute Menschen gibt es überall, sagt er später immer wieder. Es werden jene gewesen sein, die ihm ein Dach über dem Kopf, die ihm Brot gegeben haben. Es wird Winter und schon bald Weihnachten, bis er nach Passau kommt.

Wenn es der Vater nicht immer wieder erzählt hätte und es ihn nicht immer wieder hochgezogen hätte in jene Einöde hoch über der Donau, man möchte glauben, das wäre erfunden, wäre eine Weihnachtsgeschichte. Ist es auch, aber eine wahre. Die kleine Familie mit Mutter, Tochter und Sohn verbringt ihr erstes Weihnachten in Bayern, ohne Hab und Gut, aber immerhin versorgt. Die Mutter kann arbeiten und packt mit an, wo sie darf und soll.

Aber ein Weihnachtsgeschenk liegt nicht in diesem Stall des Bauernhofes. Bis es doch kommt, als leibhaftiger Mensch. Der Vater steht an Heiligabend in der Stalltür. Er hat bei der US-Militärverwaltung Listen der Flüchtlinge einsehen können und die Namen Anna, Magdalena und Stefan entdeckt. Seine Familie. Er schließt sie am 24. Dezember 1945 in die Arme.

Friedrich Ch. Zauner

Scharade

Roman

Langheim ist auf der Flucht. Die seichte Münchner Kunstszene ödet ihn an und die Affäre seiner Frau mit einem besonders einfallslosen Exemplar der Karrierekünstler vertreibt ihn schlussendlich aus der Großstadt. Für den tief gekränkten Macho ist die österreichische Einöde aber auch keine Erholung; erst als Langheim auf das eigentümlich-reizvolle Frauenporträt in seiner Pension aufmerksam wird, kann er sein verletztes Ego vergessen.

ISBN: 978-3-99025-016-7

Msgr. Hans Würdinger

Der Schatten Gottes

Frage. Klagen. Suchen. Glauben. Hiob

Wie ein Blitz aus heiterem Himmel bricht das Unglück in ein Menschenleben ein. Da kommen Fragen – Fragen nach dem Sinn, Fragen nach dem Grund des Unheils, Fragen auch nach Gott, an den man sich in leidvollen Zeiten stets zurückerinnert. Hiob steht in der Bibel als Ausdruck der Suche nach Gott im Leid, aber auch für einen unerschütterlichen Glauben, der sogar in der größten Not nicht zerbricht.

ISBN: 978-3-99025-025-9

Peter Paul Kaspar

Das literarische Gebet

Gott braucht unsere Gebete nicht – wir brauchen sie

Literatur kommuniziert mit dem Leser. Gebete sind Versuche, mit Gott in Verbindung zu treten. Als literarische Gattung betrachtet: eine Fiktion. Doch was wäre die Literatur ohne Fiktion? Was beide verbindet, ist die Ungewissheit. Die Gewissheit, ob die Botschaft im gleichen Sinn verstanden wird, wie sie abgesandt wurde, bleiben beide schuldig. Diese zitternde Ungewissheit eint Literatur und Gebet.

ISBN: 978-3-99025-039-6